Adrian Urban

Mein Lieblingspsychologe

Von Freud bis Watzlawick – die großen Psychologen
richtig verstehen

Gütersloher Verlagshaus

Bibliografische Information Der Deutschen Bibliothek
Die Deutsche Bibliothek verzeichnet diese Publikation in der
Deutschen Nationalbibliografie; detaillierte bibliografische
Daten sind im Internet über http://dnb.ddb.de abrufbar.

1. Auflage
Copyright © 2006 by Gütersloher Verlagshaus, Gütersloh,
in der Verlagsgruppe Random House GmbH, München

Umschlaggestaltung: schwecke.mueller Werbeagentur GmbH,
München, unter Verwendung eines Fotos © getty images
Satz: Katja Rediske, Landesbergen
Druck und Einband: Oldenbourg Taschenbuch GmbH, Kirchheim
ISBN-13: 978-3-579-06511-3
ISBN-10: 3-579-06511-4

www.gtvh.de

GÜTERSLOHER
VERLAGSHAUS

G

Gütersloher Verlagshaus. Dem Leben vertrauen

Adrian Urban, geboren 1966, Diplompsychologe. Er verfasste
Artikel für verschiedene Zeitungen und Zeitschriften,
veröffentlichte mehrere Bücher zu psychologischen,
psychotherapeutischen und pädagogischen Themen und arbeitet als
Verhaltenstherapeut in einer Gemeinschaftspraxis
in der Umgebung von München.

Inhalt

Einleitung

Dieses Buch beschäftigt sich mit den wichtigsten Gründergestalten der Psychotherapie, stellt in Kurzform Leben, Ideen und Werk vor und befasst sich auch mit der Frage, wie sich das jeweilige Gedankengebäude bis in die Gegenwart auf die Gesellschaft und auf die Behandlung seelischer Störungen ausgewirkt hat.

Ein paar der vorgestellten Persönlichkeiten, etwa Sigmund Freud oder C. G. Jung, durften auf keinen Fall fehlen, bei anderen hat meine Auswahl durchaus subjektive Anteile. Einige Gründergestalten musste ich weglassen, und das gilt ebenso für etliche Forscherinnen und Forscher, die sich mit den verschiedenen wissenschaftlichen Aspekten der Psychologie beschäftigt haben, ohne eine Therapieform zu begründen. Aus Platzgründen konnte all dies hier leider nicht berücksichtigt werden.

Vielen Leserinnen und Lesern wird auffallen, dass vergleichsweise wenige Frauen vorgestellt werden. Das hat mit dem Umstand zu tun, dass es im psychotherapeutischen Bereich deutlich mehr »Gründerväter« als »Gründermütter« gibt, obwohl dieses Berufsbild von vielen hervorragenden Therapeutinnen, Forscherinnen und Autorinnen geprägt wurde und bis heute geprägt wird.

Sicherlich ist dieses Missverhältnis der Tatsache geschuldet, dass es für Frauen in der Zeit, in der die wichtigen »Therapieschulen« entstanden, also vom Ende des 19. bis in die 60-er Jahre des 20. Jahrhunderts, noch schwieriger war als heute, Karriere zu machen, Führungspositionen einzunehmen und bekannt zu werden.

Auf jeden Fall hoffe ich, die Neugier meiner Leserinnen und Leser auf die Lebensgeschichten einiger ungewöhnlicher Persönlichkeiten zu wecken, aus denen manch ein Ansatz und manch ein Gedanke hervorging, der uns auch heute noch etwas sagen kann.

Tiefenpsychologische Ansätze:

Die Macht des Unbewussten

Zunächst werden die historisch frühesten modernen Therapieformen beschrieben, beginnend mit den Theorien und Forschungen des »Vaters der Psychoanalyse«, Sigmund Freud, Ende des 19. Jahrhunderts. Einige seiner ehemaligen Mitarbeiter haben eigene, mehr oder weniger tiefenpsychologische Richtungen entwickelt, von denen die wichtigsten ebenfalls dargestellt werden. Meistens steht die Bewältigung von Problemen und Konflikten aus der Vergangenheit des Patienten im Zentrum. Die Erfahrungen der früheren Kindheit gelten oft als besonders wichtig, und neben bewussten Erkenntnissen sind die unbewussten Prozesse beim Klienten entscheidend für den Behandlungserfolg.

Sigmund Freud
Triebe und Ängste beherrschen den Menschen
(Psychoanalyse)

Sein Leben

Sigmund Freud, der bis heute bekannteste Psychotherapieschulengründer, wurde 1856 als ältestes Kind seiner Eltern im heutigen Tschechien geboren und lebte die meiste Zeit in Wien. Er wuchs mit zwei Halbbrüdern und sechs leiblichen Geschwistern auf und war, wie es hieß, der Liebling seiner Mutter. Ursprünglich hieß er Sigismund, bis er 1878 seinen Vornamen ändern ließ.
Es wird berichtet, dass Freud als Junge davon träumte, später einmal ein General oder ein berühmter Minister zu sein. Doch als Erwachsener war ihm, dem säkularen Juden, klar, dass die höheren militärischen und politischen Kreise in Österreich oft stark antisemitisch und nationalistisch dachten. Hier hätte er keine beruflichen Chancen gehabt. Stattdessen studierte Freud Medizin, denn er hoffte, dass diese Kreise weniger anfällig für rechte Ideologien seien.
Als Medizinstudent, während der Jahre 1873 bis 1881, beschäftigte sich Sigmund Freud mit den Arbeiten des damals bekannten Physiologen Ernst Brücke, der davon ausging, dass der Mensch ein dynamisches, ausschließlich materielles System ist, das nach dem Prinzip der Erhaltung von Energie funktioniert. Diese Theorie machte Freud später zur Grundlage seiner Ideen darüber,

was den Menschen ausmacht, was ihn antreibt und was ihn häufig davon abhält, seinen Trieben zu folgen.

Nach seiner Promotion arbeitete Freud ab 1882 als Arzt im Krankenhaus. 1885 beeindruckten ihn während eines einjährigen Studienaufenthalts bei dem berühmten Mediziner Jean M. Charcot (1825–1893) in Paris Schicksale von Patienten mit seelischen Erkrankungen ohne organischen Befund.

In der sinnesfeindlichen spätviktorianischen Zeit Ende des 19. Jahrhunderts traten besonders viele charakteristische seelische Störungen auf, die man unter dem Begriff »Hysterie« zusammenfasste. Ein seinerzeit aktuelles Beispiel wäre ein junges Mädchen, das jedes Mal, wenn es eine sexuelle Phantasie hat, ohnmächtig zusammenbricht. Der Konflikt zwischen dem erotischen Wunsch und dem Verbot solcher Bedürfnisse im ausgehenden 19. Jahrhundert, so erklärt es Freuds Psychoanalyse, wird durch die »Übersetzung« in einen kranken körperlichen Zustand entschärft. Außerdem empfindet die Umgebung des Mädchens nach dem Zusammenbruch wahrscheinlich Mitgefühl und unterstützt es.

Bei der Therapie solcher Störungen erwies sich Hypnose, durchgeführt von einem erfahrenen Hypnotiseur, als relativ wirksam. Zunächst übernahm Freud vieles aus der Hypnosetherapie Charcots für die eigene neue Behandlungsform der Psychoanalyse, später wandte er sich davon ab. Er hielt es für sinnvoller, dass seine Patienten ihre Konflikte aktiv durcharbeiten, als dass ihnen jemand, etwa ein Hypnotiseur, die Probleme gleichsam wegsuggeriert.

Seit 1885 arbeitete Sigmund Freud zudem als Dozent für Neuropathologie. Von 1886 bis 1897 leitete er die neurologische Abteilung eines Kinderkrankenhauses, ab 1902 war er Professor an der Universität von Wien.

Zunächst betrieb er hirnanatomische Forschungen und entdeckte die schmerzbetäubende Wirkung des Kokains. Den Gebrauch dieses Rauschmittels empfahl er unverantwortlich lange, bis er selbst ein Drogenproblem hatte und schließlich, nach dessen Bewältigung, einräumen musste, dass regelmäßiger Kokainkonsum eine Vielzahl negativer Folgen mit sich bringt. Heute ist bekannt, dass dazu seelische Abhängigkeiten, Wahnzustände und Organschädigungen gehören können.

In Wien eröffnete Freud schließlich eine Praxis, in der er die in den letzten Jahren theoretisch formulierte Lehre der Psychoanalyse praktisch anwandte. Dem war eine so genannte Eigenanalyse vorangegangen, die Sigmund Freud, da es in dem neu entwickelten Verfahren noch keine versierten Kollegen gab, bei sich selbst durchführen musste. Hier ging es um eine jahrelange Selbsterfahrungsphase, die noch heute den vielleicht wichtigsten Teil der Analytikerausbildung ausmacht und in allen späteren Fällen bei einem psychoanalytisch geschulten Supervisor stattfinden würde. Dies soll dem Ausbildungskandidaten dabei helfen, die Ursachen für seine eigenen seelischen Probleme zu erkennen und, wenn möglich, therapeutisch aufzulösen. Freud hingegen lag damals sozusagen bei sich selbst auf der Couch.

Parallel dazu veröffentlichte er eine Vielzahl von Studien, Artikeln und Büchern, in denen er seine Weltsicht beschrieb. Sein möglicherweise berühmtestes Buch ist

»Traumdeutung«, das er eigentlich 1899 veröffentlicht hatte, aber aus Gründen des Effekts auf das Jahr 1900 vordatierte. In ihm beschreibt Sigmund Freud, welche Wege das Unbewusste gehen kann, um Wünsche, Ängste und Konflikte auszudrücken und deren wahren Kern gleichzeitig zu verhüllen.

Freud stellte sich in eine Reihe mit Kopernikus, der mit der Illusion aufräumte, die Erde sei der Mittelpunkt des Sonnensystems, und mit Darwin, der die Menschheit der Vorstellung beraubte, die Welt sei innerhalb von einigen Tagen aus dem Nichts geschaffen worden, wie es verschiedene Religionen formuliert haben. Er selbst, so Freud, habe mit der Idee aufgeräumt, der Mensch sei kraft seines freien Willens »Herr im eigenen Haus«, da in Wirklichkeit das Unbewusste die wichtigsten Vorgänge innerhalb und zwischen den Individuen steuere. Bescheidenheit galt nicht als eine von Freuds bemerkenswertesten Persönlichkeitseigenschaften, auch wenn er kein General oder Minister geworden war.

1902 hatte er die Psychologische Mittwochs-Gesellschaft in Wien gegründet, deren Mitglieder sich Mitte der Woche trafen und sowohl das Welterklärungsmodell als auch die Therapieform der Psychoanalyse weiterentwickeln wollten. Dieser Zirkel sollte 1908 in einem Verein mit dem Namen »Wiener Psychoanalytische Vereinigung« aufgehen, 1910 global erweitert zur Internationalen Psychoanalytischen Vereinigung.

In den verschiedenen Gesellschaften erinnerte Freuds Vorgehensweise bei Auseinandersetzungen mit den Kollegen, bei Konflikten, die sich zumeist an Abweichungen von der reinen Lehre der Psychoanalyse festmachten, tatsächlich ein wenig an einen General, der unbotmäßige Untergebene am liebsten herauswirft und sich gerne mit bedingungslosen Anhängern umgibt: Innerhalb weniger Jahre waren Freuds möglicherweise brillanteste Schüler, C. G. Jung, Alfred Adler und Wilhelm Reich, nicht mehr Mitglied der psychoanalytischen Vereinigungen.

Neben der rasanten Verbreitung seiner Lehre musste Sigmund Freud auch mehrere Schicksalsschläge hinnehmen, wie den Verlust sämtlicher Ersparnisse durch die Folgen des Ersten Weltkriegs (1919) und den Tod einer Tochter, die 1920 schon im Alter von 26 Jahren starb. Gegenüber seinen sechs Kindern soll Freud sehr liebevoll gewesen sein, und die jüngste Tochter, Anna, trat sogar in seine Fußstapfen und wurde selbst eine berühmte Theoretikerin und Psychotherapeutin.

1933 verbrannten die Nazis in Deutschland Freuds Bücher, was neben seiner jüdischen Herkunft auch mit dem Umstand zu tun hatte, dass den Rechtsextremisten seine emanzipatorischen Ideen und die Feststellung aggressiver und sexueller Motive hinter allem, was ein Mensch vorgibt, für einen anderen, für ein Volk oder eine Gemeinschaft zu tun, nicht geheuer waren. Um den Preis der Kollaboration mit dem NS-Regime ließ man dennoch die Deutsche Psychoanalytische Gesellschaft im Reich fortbestehen, die 1935 willig ihre jüdischen Mitglieder ausschloss und bald in der Bedeutungslosigkeit endete.

Freud floh mit seiner Familie 1938 nach London, nachdem seine Arbeitsbedingungen immer schlechter wurden und die SA seine Wohnung durchsucht hatte. Im hohen Lebensalter setzte der Begründer der Psychoanalyse trotz chronischer Krebsschmerzen seine publizistischen und therapeutischen Tätigkeiten fast bis zuletzt fort. Sigmund Freud erlag 1939 mit 83 Jahren einem Mundkrebsleiden, wenige Wochen nach Beginn des Zweiten Weltkriegs.

Menschenbild, wichtige Ideen und ihre Auswirkungen

Sigmund Freuds Persönlichkeitstheorie entspricht seinem Pessimismus, der ihr zugrunde liegt. Er schrieb einmal: »Die Absicht, dass der Mensch glücklich sei, ist im Plan der Schöpfung nicht enthalten.« Das Beste, was jemand für sich erreichen könne, ob durch eine Psychoanalyse oder auf andere Weise, sei es, irgendwann liebes- und arbeitsfähig zu sein.

Die Freudsche Psychoanalyse basiert auf der Idee, dass der Mensch ein Energiesystem ist. Die seelische Energie kann frei fließen, aber auch auf einen Nebenstrang geschoben oder an einer bestimmten Stelle aufgestaut werden. Wenn seelische Energie zu einem speziellen Zweck eingesetzt wird, steht davon für andere Bereiche weniger zur Verfügung. Menschliches Verhalten ist grundsätzlich rückführbar auf gemeinsame sexuelle oder aggressive Energieformen.

Innere Motive richten sich hier auf das Erleben von Lust, beschrieben als eine Verringerung von Spannung bei gleichzeitiger Freisetzung von Energie. Diese Lustenergie nennt Freud »Libido«. Später, nach den schlimmen

Erfahrungen in und nach dem Ersten Weltkrieg, ging Freud davon aus, dass es außerdem noch einen Destruktions- oder Todestrieb gebe, den er mit dem Namen »Thanatos« versah.

In dieser Sichtweise wird der Mensch von sexuellen und aggressiven Trieben beherrscht. Er strebt zunächst eine Übereinstimmung mit dem so genannten *Lustprinzip* an, das sich an einer uneingeschränkten Befriedigung der eigenen Wünsche orientiert. Die entsprechende innere Instanz, der entsprechende Persönlichkeitsaspekt wird von Freud »Es« genannt.

Hemmungslos lustorientierte Verhaltensweisen widersprechen jedoch im Allgemeinen den Anforderungen der Außenwelt bei Erwachsenen und den Erwartungen der Eltern bei kleinen Kindern. Diesen Gegenpol zum Es bezeichnete Freud mit dem Begriff »Über-Ich«. Hierbei geht es um eine Instanz, die normalerweise mit Schuldgefühlen und Schuldgedanken auf jeden Wunsch nach einer Missachtung der gesellschaftlichen Richtlinien reagiert. Die Vermittlung zwischen Es und Über-Ich obliegt einer dritten Instanz, dem »Ich«. Während das Es nach dem Lustprinzip funktioniert, entspricht das Ich dem so genannten *Realitätsprinzip*, einer Haltung, die unsere Träume an der Wirklichkeit misst und sie daran anpassen will. Zwischen den Wünschen des Es und den Ge- oder Verboten des Über-Ichs versuchen wir also nach Freud im Laufe des Erwachsenwerdens unser Ich aufzubauen, was uns, je nachdem wie neurotisch wir sind, mehr oder weniger gut gelingt.

Psychische Schwierigkeiten entstehen nach Freud, wenn die Wünsche des Es so stark mit den Forderungen des

Über-Ichs kollidieren, dass die seelische Energie in unbefriedigender Weise abgebremst und sozusagen in eine Sackgasse umgeleitet wird. Es gibt eine ganze Palette neurotischer *Abwehrmechanismen*, die dazu beitragen, das unterdrückte Bedürfnis (bzw. die Angst davor) kaum noch wahrzunehmen oder die entsprechenden Gefühle in ungefährlichere Bahnen zu lenken.

Zu diesen Abwehrmechanismen gehört zum Beispiel die *Rationalisierung*. Hier redet sich jemand seine wirklichen Bedürfnisse aus, indem er andere rational rechtfertigt. Wer im übertragenen Sinn nicht an die Trauben, die zu hoch für ihn wachsen, herankommt, kann sich zum Beispiel vor dem Gefühl, versagt zu haben, dadurch schützen, indem er sich klar macht, dass die Trauben so sauer gewesen wären, dass sie ihm sowieso nicht geschmeckt hätten.

Ein anderer Abwehrmechanismus ist die *Verleugnung*. Hier schützt man sich vor einer kaum erträglichen Wirklichkeit, indem man sie, zumindest kurzfristig, ableugnet. Der Ausruf »Das darf doch nicht wahr sein« verdeutlicht diese Haltung.

Ein drittes und besonders wichtiges Beispiel für die Vielzahl von Abwehrmechanismen, die Freud und seine Schüler gefunden haben, ist die *Verdrängung*. Das, was für mein Ich nicht zu ertragen ist, vielleicht ein Trauma, das ich irgendwann erlitten habe, oder etwas, das in mir starke Schuldgefühle auslöst, »vergesse« ich, indem ich es aus meinem Bewusstsein streiche und ins Unbewusste verschiebe. Dadurch, dass es sich nicht an das Problem oder den Konflikt erinnern kann, hält sich mein Ich von den entsprechenden Anfechtungen frei. Der

Selbstschutzaspekt spielt in solchen Fällen oft eine entscheidende Rolle.

Nur einen Abwehrmechanismus hält Freud für völlig unproblematisch, die so genannte *Sublimierung*. Wer seine Triebenergien sublimiert, wer sie nutzen kann, konstruktiv und ohne jemandem zu schaden, ob für zwischenmenschliche, berufliche, kulturelle, intellektuelle oder auf ein Hobby bezogene Zwecke, lenkt damit seine aggressiven oder libidinösen, also auf die Libido bezogenen Triebe auf sinnvolle, der Gemeinschaft angemessene Ziele.

Eine andere entscheidende Grundlage der Freudschen Psychoanalyse ist die Lehre der verschiedenen Bewusstseinszustände. Als *Bewusstes* bezeichnet Freud alle vollständig bewussten Anteile unserer Wahrnehmung. Das *Vorbewusste*, heute weniger bekannt, bezieht sich auf Erlebnisse, die wir uns grundsätzlich bewusst machen können, während das *Unbewusste* alle Erfahrungen beinhaltet, die uns nicht bewusst sind und die nur in besonderen seelischen Zuständen sichtbar werden, vor allem im Traum und in Wahnzuständen (Psychosen). Den Traum und die Entschlüsselung seiner Symbole bezeichnete Freud als »Königsweg zum Unbewussten«.

Das Unbewusste, wie es im Traum erlebt werden kann, ist nicht logisch; das Gleiche kann auch durch sein Gegenteil ausgedrückt werden. Es ignoriert außerdem reale Orts-, Größen- und Zeitunterschiede.

Freud machte in seiner Praxis die Erfahrung, dass es seinen Patienten oft besser ging, nachdem sie von ihren Problemen erzählt hatten. Ein solches Wiedererleben und Bewältigen von Gefühlen, indem man von den eigenen Schwierigkeiten berichtet, nennt man *Katharsis*.

Mit den Jahren entwickelte Sigmund Freud eine noch heute wohl bekannte therapeutische Methode, die, wie er fand, besonders gut dazu geeignet war, kathartische Reaktionen hervorzurufen und den Patienten bei der Heilung zu unterstützen.

Der Analysand soll sich auf eine Couch legen, seinen Blick zur Decke wenden, um Ablenkungen zu minimieren, und erzählen, was ihm in den Sinn kommt. Diese Technik nannte Freud *freie Assoziation*. Manchmal geht es hier um aktuelle Erlebnisse, manchmal um Erinnerungen, Phantasien oder Nachtträume, wobei der Patient darum gebeten wird, nach Möglichkeit nichts von dem, was ihm gerade einfällt, bewusst zu zensieren. Gelegentlich fragt der Analytiker, der sich traditionell an der Kopfseite der Couch Notizen macht, nach, ab und an deutet er das Gehörte, indem er es in einen erhellenden Sinnzusammenhang stellt. Auf diese Weise sollen die wichtigsten Konflikte des Analysanden, die nach Freud in der frühen Kindheit wurzeln, wiedererinnert, durchgearbeitet und bewältigt werden.

Diese Behandlungsform existiert bis heute und wird in Deutschland »Große Psychoanalyse« genannt. Neben dem Liegen auf der Couch ist hier die lange Therapiedauer und die hohe Zahl an Behandlungsstunden charakteristisch, nämlich bis zu fünf Sitzungen pro Woche über mehrere Jahre hinweg. Daneben gibt es inzwischen psychoanalytische Therapien (auch »tiefenpsychologisch fundiert« genannt), die höchstens ein oder zwei Jahre dauern. Hier beschränkt man sich zumeist auf einen Termin pro Woche. Bei schwereren Störungen, die Sigmund Freud noch für »nicht analysefähig« hielt, empfiehlt es sich, dass Analytiker und Analysand einander gegenübersitzen, vor allem damit der Patient nicht Gefahr läuft, beim freien Assoziieren und Zur-Decke-Gucken den Kontakt zur Realität zu verlieren.

Ende des 19., Anfang des 20. Jahrhunderts stieß insbesondere Freuds Behauptung, Kinder hätten eine eigene Sexualität und begehrten mit vier bis fünf Jahren im Rahmen des »ödipalen Konflikts« den gegengeschlechtlichen Elternteil, während sie den gleichgeschlechtlichen Elternteil als Rivalen betrachteten, auf wütenden Protest konservativer und kirchennaher Kreise. Heute, ungefähr hundert Jahre später, sind diese Ideen zumindest in aufgeklärten Kreisen der Industriestaaten Teil der Allgemeinbildung.

Allerdings wurde Freud in den 1980-er Jahren kritisiert, weil er hundert Jahre zuvor wegen des unerträglichen massiven Widerstands der Öffentlichkeit schnell von seiner ursprünglichen Idee abgerückt war, vor allem die sexuellen Schilderungen seiner weiblichen Patienten basierten auf realen Missbrauchserfahrungen in der Kindheit. Nachdem seine Karriere ernsthaft zu scheitern drohte, sprach Sigmund Freud nur noch davon, dass es hier um sexuelle Phantasien von Kindern gegenüber Erwachsenen in einer dafür typischen Lebensphase gehe, die keinesfalls einen realen Hintergrund hätten.

Vieles von dem, was Sigmund Freud über die menschliche Existenz sagte, ist heute noch sehr aktuell, etwa die meisten Aussagen über das Unbewusste, die sich durch die modernen Neurowissenschaften bestätigen ließen. Anderes, zum Beispiel der Gedanke, jede Frau sei irgendwann in ihrer frühen Entwicklung eifersüchtig auf die

Anatomie von Bruder oder Vater (»Penisneid«), erwies sich als unzutreffend und ideologisch.

Bis heute bilden Freuds Theorien den Hintergrund der psychoanalytischen Therapie, deren Wirksamkeit in etlichen wissenschaftlichen Studien bewiesen werden konnte – mit Ausnahme von Behandlungen, die viele Jahre dauern. Bei den letztgenannten haben sich die wichtigsten Veränderungen zum Positiven entweder schon in den ersten Monaten gebildet, oder es kommt kaum noch zu Verbesserungen. (In Einzelfällen und bei sehr schweren psychischen Störungen kann dies allerdings anders sein.)

Bis zur Gegenwart wird der therapeutischen Beziehung zwischen Analytiker und Patient viel Beachtung geschenkt, ebenso wie dem, was das Gegenüber in der Sitzung emotional bei beiden Beteiligten auslöst. Ziel ist häufig, zu Freuds Zeiten wie in der Gegenwart, eine Nachreifung der Persönlichkeit, mehr Autonomie und weniger neurotisches Leid.

Bei allen therapeutischen oder wissenschaftlichen Erfolgen hat Sigmund Freuds Lehre auch einiges von einem Glaubenssystem. Jemand, der zum Beispiel die Vorstellung von einem »Es«, das in ständigem Widerstreit mit einem »Über-Ich« steht, absurd findet, wird sich durch noch so differenzierte psychologische Argumente nicht davon überzeugen lassen, dass die Psychoanalyse mehr ist als ein Gedankengebäude. Auf der anderen Seite haben psychoanalytische Überlegungen nicht nur unsere Kultur verändert, ob im Bereich des Films, der Literatur oder der Malerei, sondern auch und vor allem unser Bild von uns selbst.

Carl Gustav Jung
Von Komplexen und Archetypen
(Analytische Psychologie)

Sein Leben

Carl Gustav Jung, der wahrscheinlich berühmteste »abtrünnige« Freud-Schüler, wurde 1875 im schweizerischen Kanton Thurgau geboren. Er hat die Sicht vieler Menschen ein Stück weit verändert, ähnlich wie Freud, aber mit einer etwas anderen Ideenwelt im Hintergrund.

Jung, der seine Vornamen meist mit »C. G.« abkürzte, wuchs in einer verklemmten, puritanisch orientierten, bürgerlichen Familie auf. Er studierte Medizin und spezialisierte sich als Facharzt auf Psychiatrie. Ab 1900, also bereits mit 25 Jahren, arbeitete er als Psychiater in der Burghölzli-Nervenklinik in Zürich. Zehn Jahre später ernannte man ihn an der Züricher Universität zum Professor.

Einige Jahre war C. G. Jung ein erklärter Anhänger der Freudschen Lehren, die er auch gegen massive bürgerliche Widerstände in der Schweiz anwandte und verteidigte, da er ihre Kernaussagen in der Klinik überprüfen konnte. Freud und er lernten sich 1907 persönlich kennen und reisten 1909 gemeinsam in die USA, um die Psychoanalyse international zu verbreiten. Jung galt als Freuds »Lieblingsschüler«. Das wechselseitige Vertrauensverhältnis war so stark, dass Jung sich im Jahr 1907 traute, dem Freund in einem Brief von einem sexuellen

Missbrauchserlebnis in seiner Kindheit zu berichten, auch wenn er sich, was den Täter betraf, auf Andeutungen beschränkte (»homosexuelles Attentat eines von mir früher verehrten Menschen«).

Doch nach der Überseereise, im Jahr 1912, kehrte sich Jung von seinem Lehrer ab. Er hatte schon seit Längerem Abstand zu Freuds Auffassung gehalten, alles Geistige sei rückführbar auf sexuelle und aggressive Triebe. Jung vermisste hier jeden spirituellen Zugang zur Welt. Eines Tages forderte Sigmund Freud von ihm: »Versprechen Sie mir, nie die Sexualtheorie aufzugeben, das ist das Allerwesentlichste.« Jung war nicht einverstanden mit diesem Schwur, er kam ihm dogmatisch und fast schon religiös-überhöht vor. Für ihn war Freuds Libido nichts als eine Chiffre für einen allgemeinen Lebenstrieb.

Als Freud und Jung sich in dieser Auseinandersetzung immer weiter voneinander entfernten und schließlich 1913/1914 jede Zusammenarbeit einstellten, blieben bei beiden Männern Verletzungen zurück. Kollegiale und menschliche Sympathien verkehrten sich in eine unversöhnliche Gegnerschaft. Jung warf Freud vor, er behandle seine Kollegen wie Patienten und bleibe stets in einer väterlichen, unangreifbaren Position. Freud antwortete auf autoritäre Weise. Schließlich trat Jung 1914 als Präsident der Internationalen Psychoanalytischen Vereinigung zurück, eine Stellung, die er seit 1910 innehatte.

Nach dem Bruch erlebte Jung eine mehrmonatige Krise, in der er, wie man seinen Schilderungen entnehmen kann, beinahe Wahnzustände entwickelt hätte, also fast psychotisch geworden wäre. Doch er bewältigte die Krise mit Hilfe seiner Familie und konnte sie später sogar als Chance betrachten, denn seine »gesamte spätere Tätigkeit bestand darin, das auszuarbeiten, was in jenen Jahren aus dem Unbewussten aufgebrochen war und was mich zunächst überflutete«, wie C. G. Jung einmal schrieb.

Anschließend baute Jung seine Gedankenwelt und die daraus abgeleitete Psychotherapie weiter aus. 1933/1934 gab es antisemitische Äußerungen von ihm, er übernahm die Leitung eines NS-konformen Psychotherapieverbands und publizierte über den germanischen Obergott Wotan, der in der Nazibewegung zur Geltung kam. Ursprünglich, 25 Jahre zuvor, hatte sich Jung als einer von wenigen Nicht-Juden in der psychoanalytischen Szene nicht gescheut, zu versuchen, auch den eher nationalistisch gesinnten Kollegen die Ideenwelt der Tiefenpsychologie nahe zu bringen. Doch Mitte der 1930er-Jahre erwies sich Jung als anfällig für völkisch-esoterische Gedanken. Nach 1945 ging er einigermaßen selbstkritisch mit seiner naiven und opportunistischen Haltung zu Gericht.

Je älter er wurde, umso mehr interessierte sich Jung für Astrologie und Parapsychologie. Unter anderem veröffentlichte er eine Studie, die beweisen sollte, dass Personen, denen nach dem Geburtszeitraum bestimmte, »passende« Sternzeichen zugeordnet wurden, öfter heirateten als solche mit Sternzeichen, die nach astrologischer Deutung »nicht zusammenpassen«. Die entsprechenden Untersuchungen wurden jedoch vielfach aus methodischen Gründen angezweifelt.

Bis zu seinem Tod 1961 publizierte und praktizierte Jung über einen Zeitraum von mehr als einem halben Jahrhundert. Der Therapeut starb im Alter von 85 an seinem letzten Wohnort im schweizerischen Küsnacht. Dort befindet sich noch heute das größte jungianische Ausbildungsinstitut.

Menschenbild, wichtige Ideen und ihre Auswirkungen

C. G. Jung berichtete, er habe einmal einen Traum gehabt, in dem er in einem Haus, das er als sein eigenes erkannte, von Stockwerk zu Stockwerk heruntersteig, wobei jede Etage anders eingerichtet war. Es wirkte beim Herabgehen, als reise Jung rückwärts durch die Zeit: vom 19. Jahrhundert über das Rokoko, das Mittelalter und die Römerzeit bis in die menschliche Vorgeschichte.
So wie es symbolisch in diesem Traum dargestellt ist, näherte sich Jung, ein lebenslustiger und neugieriger Mensch, der eigenen Person, den Patienten und, wenn man an sein Modell glaubt, der gesamten Menschheit.
Für Carl Gustav Jung ist nur ein Teil des Unbewussten individuell. Ein anderer sei der ganzen Menschheit eigen. Jung nennt diesen Teil »kollektives Unbewusstes«, denn er hat bei einem Vergleich verschiedener Kulturen festgestellt, dass Märchen, Mythen, Sagen und Legenden weltweit ganz ähnlich aufgebaut sind. Neben Aufbau und Verlauf der Geschichten gleichen sich auch die verwendeten Bilder und ebenso die Protagonisten – wie Hexe, Zauberer, Abenteurer oder Königstochter.

Schriftliche oder künstlerische Zeugnisse aus vergangenen Kulturen und Epochen legen nahe, dass dies auch in der Vergangenheit so war. Einige Wissenschaftler behaupten sogar, dass sich manche unserer Volksmärchen auf steinzeitliche Rituale zurückführen lassen.

Jung behauptet, dieser Teil unserer Phantasien, Erzählungen, Befürchtungen oder Sehnsüchte sei überindividuell und werde in verschiedenen Zeiten und Kulturen nur oberflächlich variiert. Die Grundlagen des kollektiven Unbewussten betrachtet der Wissenschaftler als genetisch festgelegtes Erbe der Menschheit.

Dies alles ist sicherlich Glaubenssache. Da C. G. Jung eine Vorliebe für esoterische Weltmodelle hatte, schrieb er einer guten Verbindung mit diesem inneren Urgrund heilerische Kräfte zu. Auch hier gibt es große Unterschiede zu Sigmund Freud, der einmal in einem Gespräch mit Jung bemerkt hatte, man müsse aus der Sexualtheorie ein »unerschütterliches Bollwerk« machen »gegen die schwarze Schlammflut des Okkultismus«. Dazu gehörte für Freud alles, was mit Religion, Parapsychologie, Astrologie oder anderen esoterischen Denkmustern zusammenhing.

Für Jung wiederum ist der Mensch ein Bürger zweier Welten, der biologisch-animalischen, die von der Trieblehre Freuds beschrieben wird, und einer geistig-spirituellen, die nach etwas strebt, was C. G. Jung »Individuation des Selbst« nennt. Individuation ist für den Schweizer der Weg eines Menschen hin zur Authentizität, um im Einklang mit sich selbst und mit der Welt zu leben. Eine Aufgabe, die sich nach Jung jedem Menschen irgendwann stellt, meist in der zweiten Lebenshälfte. Individuation sei ein langandauernder innerseelischer Prozess, bei dem die kollektiven, überpersönlichen Anteile der Seele in Form von so genannten Archetypen mit dem individuellen Unbewussten zur Übereinstimmung kämen. (Manches von dem, was C. G. Jung gerade in den späteren Lebensjahren schreibt, klingt etwas merkwürdig und erinnert an den heutigen Esoterik-Jargon.) Ein Teil der Jung'schen Analytischen Psychologie als Therapieform besteht darin, den Patienten beim Individuationsprozess behutsam und hilfreich zu unterstützen. Diese Sichtweise ist optimistischer und mehr auf das ausgerichtet, was der seelisch beeinträchtigte Mensch tun kann (Ressourcen), als auf das, was er nicht beherrscht, also die Defizite. (Die Freud'sche Psychoanalyse gilt demgegenüber eher als defizitorientiert.)

Zurück zu Jungs Theorie des kollektiven Unbewussten, das man sich als »Reich der Archetypen« vorstellen muss. *Archetyp* kommt aus dem Altgriechischen und bedeutet in der spätantiken Philosophie »Urtypus«, »Urbild« oder »Idee«. Jung versteht darunter althergebrachte, angeborene Leitbilder von Verhalten, Vorstellungen und Erfahrungen im kollektiven Unbewussten. Zu den bekanntesten Jung'schen Archetypen gehören Schatten, Anima und Animus.

Anima nennt Jung das Urbild der Frau in der Sichtweise des Mannes, *Animus* steht dementsprechend für das Urbild des Mannes in der Sichtweise der Frau. Diese Archetypen umfassen sowohl kollektive als auch individuelle Aspekte, die, wie Jung vermutete, stark von den kindlichen Erfahrungen mit dem gegengeschlechtlichen Elternteil geprägt werden. Manche Aspekte dieser Urbilder stimmen angeblich bei allen Männern, andere bei allen Frauen überein.

Bei einer solchen Denkweise besteht die Gefahr, dass gesellschaftliche Unterschiede in der Behandlung von Frauen und Männern als »natürlich« oder »erblich« dargestellt werden, was es dann auch unsinnig erscheinen lässt, entsprechende Strukturen verändern zu wollen.

Der *Schatten* ist nach Jung ein besonders wichtiger Archetyp, da er all das symbolisiert, was unser Bewusstsein gerne wegerklärt und gleichsam unter den Teppich kehrt: Unsere destruktiven, aggressiven und sadistischen Anteile, unser Egoismus und unsere Machtbedürfnisse. Gerade Menschen, die solche Persönlichkeitsanteile niemals eingestehen würden, sind oft besonders intolerant gegenüber jedem, der ihre Weltsicht nicht teilt. Manchmal spüren sie auch, zum Beispiel in heftigen, destruktiven Albträumen, dass sich in ihnen noch eine andere Seite verbirgt. In Jungs Therapie geht es nicht darum, die Schattenseiten der eigenen Persönlichkeit hemmungslos auszuleben. Eine Bewusstmachung und Durcharbeitung der entsprechenden Tendenzen genügt normalerweise.

So wie Jung es sieht, entstehen, sobald ein kleiner Mensch Bewusstsein entwickelt, verschiedene Polaritäten. Etwa zwischen dem Selbst und seinem Schatten, zwischen Männlichem und Weiblichem, Individuum und Gesellschaft, Gutem und Bösem. In der Integration dieser Gegensätze liegt hier die Herausforderung.

Mit solchen Aussagen nahm C. G. Jung die »Psycho-Welle« der 1970er vorweg. Eine Vielzahl spirituell-esoterischer Heilungsansätze der letzten 30 oder 40 Jahre ließ sich von ihm inspirieren. Gleichzeitig besteht bei einer solchen Herangehensweise die Gefahr, dass leichtgläubige oder psychisch labile Leute in den Bannkreis von sektiererischen Heilern geraten, deren Lehren sich ungesund auswirken können, was die eigene Autonomie betrifft oder die Fähigkeit, reale Probleme wahrzunehmen und sie mehr oder weniger selbstständig zu lösen.

Auch die Beobachtung, dass es Jung eine Zeit lang möglich war, sein mythologisches Weltbild mit den völkisch-germanisch angehauchten Herrenmenschenmythen der Nazis zu verbinden, wirkt problematisch. Dieser Umstand lässt sich wohl auf die antiaufklärerischen Gemeinsamkeiten der beiden Weltbilder zurückführen.

In jedem Falle blieben einige Ideen Carl Gustav Jungs bis zur Gegenwart fruchtbar. Was die Psychotherapie betrifft, war Jung einer der Ersten, die sich für die Behandlung zusätzlich zur Sprache andere Ebenen der Kommunikation erschlossen haben. Zum Beispiel vom Therapeuten angeleitete Phantasien zu Nacht- oder Tagträumen, aber auch »unbewusstes Gestalten« mit Ton und Malerei oder in Form eines Tanzes. Jungs Lehren beeinflussen noch heute viele Ansätze im Bereich der Selbsterfahrung, Selbstverwirklichung und Weiterentwicklung der eigenen Persönlichkeit.

Jungianische Psychotherapie wird inzwischen in Deutschland in einigen Fällen von den Krankenkassen bezahlt. Meist hat der Behandelnde eine Approbation, eine berufsrechtliche Anerkennung in »tiefenpsychologisch fundierter Therapie«. Die meisten Kassenärztlichen Vereinigungen können entsprechende Adressen und Telefonnummern vermitteln.

Neben seiner therapeutischen Herangehensweise prägte Jung auch das Gegensatzpaar *introvertiert* und *extravertiert*, also nach innen bzw. nach außen gekehrt zu sein. Das ist unbestritten eine der zentralen Persönlichkeitseigenschaften des Menschen.

Den Begriff »Komplex« für bestimmte Kombinationen seelischer Störungen führte er ebenfalls in die Wissenschaft ein. Ein Beispiel ist der bekannte Minderwertigkeitskomplex, bei dem sich die Gedanken, Gefühle und Phantasien des Patienten immer wieder damit beschäftigen, wie negativ die soziale Umwelt auf ihn reagiert. Da jemand mit einem solchen Minderwertigkeitskomplex in allen möglichen Situationen zeigt, dass er wenig von sich hält, sorgt er nicht selten dafür, dass er tatsächlich von anderen Menschen abgelehnt wird.

Mehr als durch solche Definitionen wird Jung jedoch als einer der ersten Forscher in Erinnerung bleiben, die Bildern und Mythen die gebührende Aufmerksamkeit geschenkt haben. Außerdem hat er, wie auch immer man dazu steht, die Frage aufgeworfen, ob es Anteile unserer Vorstellung und unseres Verhaltens geben könnte, die in der gesamten Menschheit eine wichtige Rolle spielen und die sich nur in den kulturell geprägten Details voneinander unterschieden.

Alfred Adler
Machtstreben und Ohnmachtgefühle
(Individualpsychologie)

Sein Leben

Alfred Adler wurde 1870 in Wien geboren und wuchs dort in einer jüdischen Kaufmannsfamilie auf, die eher kleinbürgerlich geprägt war. Seine Familie lebte in einer Armenvorstadt. Adler selbst litt als Kind unter verschiedenen Krankheiten wie Rachitis und nächtlichen Erstickungsanfällen.

Schon zu dieser Zeit wuchs in ihm der Ehrgeiz, endlich so stark und ausdauernd zu sein wie die meisten Altersgenossen. Deshalb machte er systematisch sportliche Übungen, bis es ihm gelang, das, was er später »körperliche Minderwertigkeit« nannte, zu überwinden, sich selbst zu akzeptieren und letztlich kaum noch von anderen Jungen oder Männern zu Machtkämpfen herausgefordert zu werden.

Es heißt, dass sein Wunsch, Medizin zu studieren, bei Adler dadurch entstand, dass er immer wieder Ärzte konsultieren musste, bis es ihm längerfristig körperlich und seelisch gut ging. Darüber hinaus entwickelte Alfred Adler eine starke Sensibilität für die Bedürfnisse und Probleme der sozial Schwächeren.

Bereits 1895, mit 25 Jahren, promovierte er, zwei Jahre später heiratete Adler eine russische Kaufmannstochter. Wieder zwei Jahre darauf, 1899, gründete er eine allgemeinmedizinische Praxis in einem Wiener Arme-Leute-Viertel. Er veröffentlichte erste Artikel zu sozialmedizinischen und pädagogischen Problemen der bildungsfernen Schichten, Menschen, die er oft und unbürokratisch für wenig Geld behandelte. Diese Erfahrungen prägten Alfred Adler auch noch, als er später, ähnlich wie Freud, viele groß- und bildungsbürgerliche Patienten hatte.

War bei Freud der Wunsch zentral, Einblicke in die Triebstruktur der menschlichen Seele zu gewinnen, interessierte sich Adler mehr für zwischenmenschliche Beziehungen, für ökonomische und soziale Verhältnisse. Während sich Freud vor allem mit der Vergangenheit eines Patienten beschäftigte, war Adler neugierig auf die gegenwärtige Situation und für Wege hin zu positiven Zukunftsperspektiven. Sein Fokus lag hierbei auf der Veränderbarkeit psychischer Schwierigkeiten, hauptsächlich durch das bewusste Mitwirken der Patienten an diesen Veränderungen.

Seine Mitarbeiter und seine Angehörigen beschreiben Adler als umgänglich, kontaktfreudig, humorvoll und als Gegner falscher Autoritäten. Er wird als Menschenfreund und Optimist dargestellt, höchstens einmal in Gefahr, allzu freundlich und zu versöhnlich zu sein. Was die Persönlichkeit betrifft, war er ziemlich genau das Gegenteil von Freud, was allerdings die Vehemenz, mit der jener Adler bekämpfte, nachdem er die Allgewalt der Sexualität in Frage gestellt hatte, nur unzureichend erklärt.

Nachdem er 1902 zunächst Mitglied von Freuds Psychologischer Mittwochs-Gesellschaft geworden war, hatte man Alfred Adler 1910 zum Präsidenten der Wiener Psychoanalytischen Vereinigung gewählt. Außerdem arbeitete er als Redaktionsleiter des von Freud herausgegebenen »Zentralblatts für Psychoanalyse«. Ein Jahr später wurde Adler, nachdem inhaltliche Streitigkeiten über das Sexualitätsdogma eskaliert waren, aus der Psychoanalytischen Vereinigung gedrängt. Außerdem musste er die Redaktionsleitung des »Zentralblatts« niederlegen.

Alfred Adler gründete noch im selben Jahr, 1911, mit einigen Kollegen die »Gesellschaft für Freie Psychoanalyse«, aus der später die »Gesellschaft für Individualpsychologie« hervorging. 1915 versuchte er sich an einer Habilitation, um als Privatdozent an der Universität Wien tätig sein zu können, doch er scheiterte, denn seine Arbeiten wurden als »unwissenschaftlich« abgetan. 1916 bis 1918 musste Adler als Militärarzt in den Ersten Weltkrieg, wo er vor allem so genannte Kriegsneurotiker behandelte. Wie viele Männer seiner Generation reagierte er mit einer tief gehenden inneren Erschütterung auf das Geschehen.

1922 organisierte Alfred Adler den ersten Internationalen Kongress für Individualpsychologie in München mit, 1924 wurde er doch noch Professor, allerdings am Pädagogischen Institut der Stadt Wien. 1934 emigrierte Adler nach verschiedenen Auslandsprofessuren, die Nazis hatten mittlerweile in Deutschland die Macht übernommen, endgültig in die USA. Bis ganz zuletzt war er beruflich aktiv und engagiert. 1937, mit 67 Jahren, brach Alfred Adler während einer Vortragsreise in Schottland auf der Straße zusammen und starb.

Menschenbild, wichtige Ideen und ihre Auswirkungen

Für Adler ist die Individualität des Menschen wichtiger als die überindividuelle Triebstruktur und die Versuche einer Lösung der »libidinösen« Konflikte, die Freud so am Herzen liegen. Der Begründer der Individualpsychologie beschäftigt sich stattdessen unter anderem mit dem Thema pädagogische Theorie und Erziehungsberatung. Adler meint, dass nur eine auf Liebe und Zuwendung gegründete elterliche oder erzieherische Beziehung zum Kind Selbstvertrauen, Zuversicht und Mut im Leben mitzugeben vermag. Keinerlei Form von Drohung, von seelischer oder körperlicher Gewalt sei in der Erziehung akzeptabel.

Angst führe oft zu Aggressionen gegen andere Menschen oder die eigene Person, während wir durch unser Freiheitsbedürfnis Wege finden könnten, Ängste erfolgreich zu überwinden. Wenn man bedenkt, dass Alfred Adler dieses Weltbild schon in den 1910er-Jahren zu formulieren begann, wird deutlich, dass er seiner Zeit in Sachen Erziehungsprinzipien über ein halbes Jahrhundert voraus war.

Auch Adlers Idee, dass nicht Lust, sondern Sicherheit, Geltung und Macht Hauptziel aller psychischen Aktivität sei, klingt interessant, obwohl wir heute wahrscheinlich versuchen würden, weniger absolut zu argumentieren. Warum sollte der Mensch nicht sowohl von sexuellen Trieben als auch von Geltungs- und Machtstreben – neben vielen anderen Eigenschaften – geprägt sein?

Adler nennt einen Mechanismus, der uns auch heute wohlvertraut ist, »männlicher Protest« und meint damit eine übermäßige Kompensation des Umstands, dass jemand, ein Pubertierender oder ein junger Mann, sich gefährlich fühlen und geben muss, um überhaupt den Eindruck zu haben, etwas wert zu sein.

Eine entsprechende Rebellion gegen die Werte der Gemeinschaft kann auf den Beobachter neurotisch wirken, sie kann aber auch mit dem Unvermögen einhergehen, sich in andere einzufühlen (Psychopathie), im Extremfall führt sie vielleicht in den Wahnsinn (Psychose), oder sie äußert sich als Delinquenzverhalten, also als eine Neigung zu mehr oder weniger schwerwiegenden Verbrechen.

Mit Adlers Theorie der »Organminderwertigkeiten« können die meisten Menschen heutzutage erst einmal weniger anfangen. Kindliche »Minderwertigkeiten«, damit sind körperliche Schwächen, Auffälligkeiten, Funktionsstörungen oder Krankheiten gemeint, führten, so Adler, zur Lebensunfähigkeit, wenn es dem Betroffenen nicht gelänge, die »Minderwertigkeit« durch etwas zu kompensieren, was er besonders gut könne, oder Gewinn aus der Machtausübung über andere zu ziehen. Wenn wir das Wort »Minderwertigkeit«, das uns seit der Besetzung dieses Begriffs durch das NS-Regime dubios vorkommt, streichen und uns vorstellen, jemand versuche, seine subjektiven Schwächen und Fehler durch verschiedene, mehr oder weniger gesunde oder konstruktive Gedanken, Haltungen oder Verhaltensweisen anderen gegenüber auszugleichen, können wir vielleicht ungefähr verstehen, was Adler gemeint hat.

Bei einer positiven Entwicklung, etwa im Rahmen der Psychotherapie, die aus der Individualpsychologie entwickelt wurde, lassen sich die Schwächen oder die seelischen Probleme, wie Alfred Adler meint, ausgleichen, etwa durch erzieherische Ermutigung, Gemeinschaftsgefühl oder durch die emotionale und gedankliche Entwicklung des Betroffenen.

Es gibt bis heute Ausbildungsstätten in Adler'scher Individualpsychologie, oft pädagogisch und therapeutisch ausgerichtet. Da allerdings nur Psychoanalyse, tiefenpsychologisch fundierte Therapie und Verhaltenstherapie in Deutschland von den Krankenkassen bezahlt werden, muss der Interessierte die psychotherapeutische Behandlung bei einem Adlerianer meist selbst finanzieren.

Einige Therapeuten unterschiedlicher Richtungen hatten jedoch, als das deutsche Psychotherapeutengesetz 1998 verabschiedet wurde, bereits viele Jahre mit den Krankenversicherungen abgerechnet und bekamen die Möglichkeit eingeräumt, das auch weiterhin zu tun, um Versorgungsengpässe zu vermeiden. Auch wenn in der Bundesrepublik ansonsten nur Tiefenpsychologen und Verhaltenstherapeuten an der psychotherapeutischen Versorgung der Bevölkerung teilnehmen, gibt es aus diesem Grund auch einige wenige Individualpsychologen, die vom Kassenpatienten nichts außer der Praxisgebühr oder einer ärztlichen Überweisung verlangen.

Was in jedem Falle von Alfred Adlers Ideen bleibt, sind seine Überlegungen zu der Frage, welche Machtmechanismen wir in welchen Situationen verwenden und wie sich die zugrunde liegenden Minderwertigkeitsgefühle abbauen lassen. Nicht nur die Probleme, sondern auch das im Blick zu haben, was ein Mensch kann, dieser Ansatz des Begründers der Individualpsychologie erwies sich in der Psychotherapie insgesamt als wichtig, auch wenn sich heute wahrscheinlich relativ wenige Therapeuten als Anhänger Alfred Adlers betrachten.

Anna Freud
Unterstützung beim Nachreifen
(Psychoanalyse bei Kindern)

Ihr Leben

Als sechstes und jüngstes Kind von Sigmund Freud und seiner Frau wurde Anna Freud 1895 in Wien geboren. Das Mädchen wuchs in wohlhabenden großbürgerlichen Verhältnissen auf.

Als junge Frau ließ sich Anna Freud vom eigenen Vater analysieren, etwas, was die meisten Psychotherapeuten heute als Kunstfehler betrachten würden, vor allem weil ein Elternteil, der auch noch der eigene Therapeut ist, schier übermächtig wird und das ohnehin schwächere Kind auch noch in die Rolle eines hilfsbedürftigen Patienten drängt.

Dessen ungeachtet gibt es bei Anna Freud keine Hinweise darauf, dass die Lehranalyse beim Vater irgendwelche psychischen Schädigungen hinterlassen hätte. Bald war sie ein allseits respektiertes Mitglied der psychoanalytischen Gemeinde von Wien. Zuvor hatte das hoch begabte Mädchen nach dem Besuch eines Lyzeums das Abitur schon mit 15 Jahren abgelegt (1911) und sich anschließend zunächst zur Lehrerin ausbilden lassen. 1917 bis 1920 unterrichtete Anna Freud an der Schule, auf die sie selbst gegangen war.

Neben der Kindererziehung hatte sie sich seit langem für Psychotherapie und Psychoanalyse interessiert, was angesichts der Familie nicht verwundert. Ab 1918 nahm die Freud-Tochter an den Sitzungen der Wiener Psychoanalytischen Vereinigung teil, 1922 hielt sie die ersten Vorträge und wurde offiziell Mitglied des Vereins. Der Leiter der Psychiatrischen Abteilung des Allgemeinen Krankenhauses in Wien gestattete Anna Freud jahrelang, an seinen Visiten in der Klinik teilzunehmen, wodurch sie viel über Menschen lernte. 1923 eröffnete sie eine Praxis – neben der ihres Vaters.

Sigmund Freud, heißt es, schenkte allen sechs Kindern Liebe und Aufmerksamkeit, aber Anna war wohl seine Lieblingstochter. Sie durfte ihn auf Vortragsreisen begleiten und pflegte ihn, als er im Alter schwer krebskrank war. Es hieß, er wollte sich von niemand anderem betreuen lassen. Einmal vertrat Anna ihren Vater auch bei einem Analytikerkongress, da sich Sigmund Freud gerade von einer Kehlkopfoperation erholte. Schließlich begleitete sie ihn nach London, wohin die Familie Freud 1938 wegen des Drucks des NS-Regimes nach dem »Anschluss« Österreichs hatte fliehen müssen.

Auch wenn sich mit einigem Recht vermuten lässt, dass der berühmte Nachname Anna Freud bei ihrer enorm schnellen Karriere in der Welt der Psychoanalyse nicht geschadet hat, wäre es doch unfair, ihr zu unterstellen, sie sei nur so etwas wie das »Protektionskind« ihres Vaters gewesen, denn in ihren Veröffentlichungen zeigt sich ein Mensch mit einem durchaus eigenen Kopf, mit eigenen Ansätzen und Fähigkeiten.

1925 gründete Anna Freud das Lehrinstitut der Wiener Psychoanalytischen Vereinigung, eine der weltweit ersten analytischen Ausbildungsstätten. Dort war sie seitdem als Lehr- und Kontrollanalytikerin tätig. Mit ihrem Buch von 1927, der »Einführung in die Technik der Kinderanalyse« leistete Anna Freud Pionierarbeit in der Entwicklung einer psychoanalytischen Therapie für Kinder und Jugendliche. Außerdem befasste sie sich mit einer Zeitschrift für psychoanalytische Pädagogik. Ab 1927 arbeitete sie zudem als Führungskraft der Internationalen Psychoanalytischen Vereinigung und leitete zahlreiche Kurse und Seminare zum Thema »Kinder und Psychoanalyse«.

1937 eröffnete sie eine Kindertagesstätte in Wien. Im folgenden Jahr wurde sie von der Gestapo verhört, bald darauf floh die Familie nach London. Dort wurde Anna Freud innerhalb kurzer Zeit britische Staatsbürgerin, geachtetes Mitglied der British Psychoanalytical Society, Lehr- und Kontrollanalytikerin.

1939, kurz nach dem Tod ihres Vaters, veranlasste Anna Freud die Herausgabe seiner Gesammelten Werke. 1941 eröffnete sie ein Kriegskinderheim, das bis zum Ende des Zweiten Weltkriegs betrieben wurde. Ab 1945 half die

Freud-Tochter schwer traumatisierten Kindern, die das KZ Theresienstadt überlebt hatten. 1947 gründete sie eine englische Ausbildungsstätte für Kinder-Psychoanalytiker, 1952 kam eine an das Institut angeschlossene psychosomatische Kinderklinik hinzu. Dieses Krankenhaus leitete Anna Freud bis zu ihrem Tod. Sie starb 1982 in London mit 86 Jahren.

Menschenbild, wichtige Ideen und ihre Auswirkungen

Anna Freud untersuchte, anders als ihr Vater, der die Entwicklung von Kindern eher theoretisch und im Rückblick seiner erwachsenen Patienten erfasste, die Natur der Mutter-Kind-Beziehung und ihrer Störungen neben der Theorie auch auf praktische Weise. (Die Wichtigkeit des Vater-Kind-Verhältnisses in der Erziehung stand damals noch nicht im Zentrum der psychoanalytischen Forschung.)

Die Tiefenpsychologin beschrieb auch verschiedene frühkindliche Verletzungen, Traumata, die sie analytisch anging, und therapeutische Wege der frühzeitigen Behandlung solcher Störungen. Eine psychoanalytische Therapie im Kindesalter würde, wenn sie gelänge, die Behandlung einer Neurose, Psychose oder Persönlichkeitsstörung beim Erwachsenen überflüssig machen, so Anna Freuds Überzeugung.

Da der klassische psychoanalytische Ansatz bei Erwachsenen ein hohes Abstraktions- und Symbolisierungsvermögen erfordert, betrat die Freud-Tochter mit ihrem

Versuch einer Anpassung der Psychoanalyse als Therapieform an die Bedürfnisse von Kindern weitgehend Neuland. Das Miteinander von Kind und Analytiker musste mehr Nähe erlauben als die Beziehung zwischen einem Tiefenpsychologen und seinem erwachsenen Patienten. Unbewusste Strebungen, Ängste, Hemmungen oder Widerstände sollten sich eher in spielerischer Form äußern, eine behutsame Bewusstmachung von Wünschen und Ängsten im Zentrum der Gespräche stehen.

Auch in dieser zweiten Psychoanalytiker-Generation gab es theoretische Auseinandersetzungen. So stritt Anna Freud jahrelang mit Melanie Klein (1882 bis 1960), mit der sie die Wiener Herkunft und die Emigration nach Großbritannien teilte, um den richtigen Weg in der Kinderanalyse.

Anna Freud hatte neben tiefenpsychologischen auch pädagogische Motive, wenn sie zunächst um das Kind und seine therapeutische Motivation warb und wenn sie sich parallel zu dessen Behandlung regelmäßig mit den Eltern des kleinen Patienten austauschte. Lange Zeit hielt sie in der Kindertherapie an einer nicht-analytischen Eingewöhnungsphase fest, in der es um den Aufbau einer therapeutischen Beziehung ging. Sie wollte das kindliche Ich stärken und arbeitete daher intensiv mit den *bewussten* Wahrnehmungen der Kinder, analysierte ihre Abwehrmechanismen und versuchte sie vorsichtig aufzulösen.

Für Anna Freud ging es in der Kinder-Psychoanalyse darum, Ängste behutsam abzubauen, das Ich zu stärken, das Kind beim emotionalen Nachreifen in der Herkunftsfamilie zu unterstützen und ihm zu helfen, die eigenen Triebe in befriedigender Weise zu sublimieren. Analytische und pädagogische Ansätze wirken hier zusammen.

Melanie Klein wiederum, die Konkurrentin, nahm sofort Kontakt zu den *unbewussten* Strukturen des kleinen Patienten auf, indem sie sich auf Deutungen des verbalen und nonverbalen Verhaltens beschränkte. Als ein dreijähriges Mädchen zum Beispiel vor der ersten Sitzung eine Angstreaktion zeigte und sich an die Mutter klammerte, deutete Melanie Klein dieses Verhalten sofort, etwa mit den Worten, dass das Kind wohl Angst habe, da es seine Therapeutin noch nicht kenne.

Melanie Klein verhielt sich den ihr anvertrauten Kindern gegenüber weniger mütterlich als Anna Freud. Sie glaubte, dass das Spielen bei Kindern eine Funktion bekommen kann, die der freien Assoziation in der Erwachsenenanalyse entspricht, und dass sich der Kinderanalytiker deshalb, fast wie beim Erwachsenen, auf seine Deutungen auf der Basis einer guten therapeutischen Beziehung beschränken kann. Daher setzte Klein Spielzeug, Malstifte, Papier und Schere, kleine Puppen oder Figuren ein und kommentierte deren Verwendung durch die kleinen Patienten.

Melanie Klein meinte, dass die Beziehung zum Kind freigehalten werden sollte von moralischen oder erzieherischen Maßnahmen, und dass das oberste Ziel die psychische Gesundheit sei. Der Psychoanalytiker müsse deshalb manche Phantasie- und Triebäußerungen der Kleinen tolerieren, die ein Pädagoge verdammen würde. (Allerdings grenzt sich die Therapeutin entschieden ab, wenn ein Kind versucht, ihr gegenüber gewalttätig zu werden.)

Zunächst hat die theoretische Auseinandersetzung zwischen Melanie Klein und Anna Freud über psychoanalytische Theorien mit dazu beigetragen, dass sich die Londoner Psychoanalytische Gruppe, der beide angehörten, spaltete. Doch nicht das ist hier meines Erachtens bemerkenswert, sondern der Umstand, dass es im persönlichen Verhältnis zwischen Anna Freud und Melanie Klein trotz der jahrzehntelangen Streitigkeiten nie zu einem völligen Bruch kam, dass sie sich trotz allem immer noch etwas zu sagen hatten.

Mit der Zeit näherten sich die beiden auch fachlich wieder einander an. Eine solch positive Entwicklung nach dem beruflichen Zerwürfnis war Annas Vater in der Beziehung zu einigen seiner früheren Schüler, etwa gegenüber C. G. Jung oder Alfred Adler, nicht gelungen.

Tiefenpsychologische Therapieformen gestern und heute

Dass sich freudianische und andere tiefenpsychologische Haltungen und Gedanken intensiv auf unser Selbstbild und auf die Kulturen in den westlichen Staaten ausgewirkt haben, wurde bereits angesprochen. Dieser Einfluss betrifft die unterschiedlichsten Bereiche, ob Literatur, Theater, Film, Malerei, Philosophie, Erziehung oder Religionskritik.

Doch die Psychoanalyse Freuds spielt heute auch als Therapieform noch eine wichtige Rolle, ebenso wie einige andere tiefenpsychologische Therapieschulen. Neben der Verhaltenstherapie, deren Grundlagen im nächsten Buchabschnitt besprochen werden, sind Psychoanalyse und tiefenpsychologisch fundierte Therapie die einzigen seelischen Behandlungsweisen, die im Regelfall von der Krankenkasse finanziert werden und deren Wirksamkeit als wissenschaftlich nachgewiesen gilt.

Der Begriff »Psychoanalyse« entspricht normalerweise einem mehr oder weniger stark weiterentwickelten freudianischen Ansatz. »Tiefenpsychologisch fundiert« bedeutet häufig, dass der Therapeut eine mehrere Jahre während, aber nicht ganz so umfassende Ausbildung gemacht hat wie ein Psychoanalytiker, dass er keine Große Psychoanalyse mit bis zu fünf Stunden pro Woche auf der Couch durchführt, dass die Therapien im Sitzen stattfinden und eher ein oder zwei als viele Jahre dauern. Mancherorts gibt es auch jungianische und andere nicht-freudianische Ausbildungsgänge, die den Teilnehmerinnen und Teilnehmern eine Anerkennung als »tiefenpsychologisch fundierter« Psychotherapeut erlauben.

Kassenfinanzierte psychoanalytische oder tiefenpsychologische Therapien werden heute neben Ärzten auch von Diplom-Psychologen mit anerkannter Zusatzausbildung, bescheinigt durch die so genannte Approbation, angeboten. (Für Verhaltenstherapien gilt das Gleiche.) Vor der Entscheidung für oder gegen eine Behandlung und vor dem entsprechenden Kassenantrag stehen in all diesen Fällen fünf Stunden zum Kennenlernen, die in jedem Fall bezahlt werden. Der Begriff »Psychotherapeut« ist in Deutschland übrigens gesetzlich geschützt und beschränkt sich auf approbierte ärztliche oder psychologische Psychoanalytiker, Tiefenpsychologen und Verhaltenstherapeuten. Für das Wort »Psychotherapie« gilt diese Einschränkung nicht, auch jemand ohne jede Berufsausbildung kann so etwas anbieten, ohne sich strafbar zu machen.

Eine fundierte Therapiekontrollstudie der 1990er-Jahre, die auch dem deutschen Psychotherapeutengesetz von 1998 zugrunde lag, machte deutlich, dass tiefenpsychologische Behandlungsformen bei Neurosen und Persönlichkeitsstörungen besonders wirksam sind. (Persönlichkeitsstörungen gelten im Vergleich zu – neurotischen – Depressionen, Ängsten oder Zwängen als besonders langwierige, tief gehende und hartnäckige psychische Krankheiten.) Die Studie besagte weiter, dass die meisten Entwicklungen zum Positiven schon im ersten Jahr der Therapie sichtbar werden. Umgekehrt bedeutet dies, dass die meisten etliche Jahre andauernden »klassischen« psychoanalytischen Behandlungen nach einer bestimmten Zeit kaum noch Verbesserungen der seelischen Problematik mit sich bringen.

Für alle Behandlungen gilt, dass sich ein Großteil der positiven Wirkung einer Psychotherapie gar nicht auf die speziellen Methoden zurückführen lässt, die ein Therapeut verwendet, oder auf die Richtung, der er sich zurechnet.

Tatsächlich am wichtigsten sind die so genannten *unspezifischen Faktoren*. Darunter versteht man, wenn sich die Behandlung positiv entwickelt, unter anderem das Vertrauen und die Sympathie, die der Patient gegenüber seinem Therapeuten empfindet. Hinzu kommt ein Zutrauen, dass der Helfer weiß, was er tut, der Eindruck, dass er mit sich im Einklang ist und fähig zur Empathie, also ein gutes Einfühlungsvermögen hat. Behandelnde, die solche unspezifischen Bedingungen erfüllen, tragen einen Großteil dazu bei, dass die Sitzungen erfolgreich verlaufen, falls sich eine echte Therapie- und Veränderungsmotivation beim Patienten herstellen lässt.

Was die Psychoanalyse angeht, so musste die Standardsituation aus Freuds Tagen, also Couch, mangelnder Blickkontakt, freie Assoziation und gelegentliche Deutungen, geändert werden, als in den Jahrzehnten nach dem Tod des Begründers Wege erkundet wurden, auch massiver gestörten Menschen tiefenpsychologisch zur Seite zu stehen.

Von einer Anpassung des Therapieumfeldes an die Bedürfnisse von Kindern war schon im Abschnitt zu Anna Freud die Rede. Bis heute wurden, neben anderen kindertherapeutischen Richtungen, sowohl die Kinderanalyse Anna Freuds als auch die Variante ihrer Konkurrentin Melanie Klein fortentwickelt. In ähnlicher Weise trugen Psychoanalytiker in den Nachkriegsjahrzehnten durch methodische Veränderungen dazu bei, dass auch stark beeinträchtigte Patienten, die Freud noch für »nicht analysefähig« befunden hatte, etwa Psychotiker oder Menschen mit schweren Persönlichkeitsstörungen, erfolgreich an tiefenpsychologischen Therapien teilnehmen konnten.

In diesen Fällen sitzen sich Analytiker und Patient fast immer gegenüber, Blickkontakt ist möglich. Die Herangehensweise des Behandelnden ist meistens strukturierter und stärker von direkter Unterstützung für das Ich des Klienten geprägt als bei der Standard-Psychoanalyse.

Tiefenpsychologischen Ansätzen folgen heute, neben etlichen ambulanten Praxen, die meisten psychosomatischen Krankenhäuser im deutschsprachigen Raum, sowie auch viele psychiatrische oder psychotherapeutische Klinikstationen. Allerdings setzen sich in den letzten Jahrzehnten mehr und mehr Modelle durch, die als »integrativ« gelten, weil sie verschiedene stationäre Behandlungsformen miteinander verbinden. Analytiker und Verhaltenstherapeuten lernen hier nicht selten voneinander, statt einander ermüdende Theoriegefechte zu liefern. Vielleicht arbeitet auch eine Gestalttherapeutin oder ein Familientherapeut mit.

Die gesellschaftliche Popularität der Psychoanalyse veränderte sich in den Jahrzehnten seit Freuds Tod in unregelmäßigen Abständen. Zu seinen Lebzeiten hatte die heftige Ablehnung der neuen Lehre durch die meisten Autoritäten vorgeherrscht, gleichzeitig breiteten sich Freuds Ideen jedoch rasend schnell aus. Nach 1945 war die Psychoanalyse in den USA jahrzehntelang die vorherrschende therapeutische Lehre, vor allem an der Ostküste. Während der Studentenrevolte von 1968 und danach wurden in den USA und Westeuropa tiefenpsychologische Theoretiker und ihre oft kritische Sicht auf die Gesellschaft wiederentdeckt.

In den 1980er-Jahren wiederum galt Psychoanalyse weithin als »unwissenschaftlich« bis »wirkungslos«. Seit einigen Jahren schließlich lässt sich so etwas wie eine Renaissance der Ideen Freuds beobachten, obwohl sich nicht alle seiner Vorstellungen, etwa manche Ideen zur frühkindlichen Entwicklung, bestätigen ließen. Der »Spiegel« titelte am 18. April 2005: »Hatte Freud doch recht? Hirnforscher entdecken die Psychoanalyse.«

Im nächsten Abschnitt soll ein Gedankengebäude beschrieben werden, das sich lange Zeit als exakter Gegenpol zur Tiefenpsychologie verstand und sich jener gegenüber massiv abgrenzte, nämlich die so genannte Lernpsychologie und die Verhaltenstherapie, die aus ihr entstand.

Lernpsychologische
Ansätze:

Orientierung an den
Naturwissenschaften

Viele Gründergestalten der Tiefenpsychologie gingen davon aus, dass den Menschen bestimmte, erbliche Grundprinzipien (wie Es, Ich und Über-Ich, Ödipuskomplex oder Unbewusstes) ausmachen und sich auf der Basis dieser Prinzipien individuell erweist, ob er mehr oder weniger erfolgreich mit der Wirklichkeit zurechtkommt. Hingegen stimmen die meisten Lernpsychologen, die im folgenden Buchteil dargestellt werden, darin überein, dass die genetischen Rahmenbedingungen nicht besonders wichtig sind und dass aus uns, je nach den Bedingungen unserer Umgebung, alles Mögliche werden kann, ob Verbrecher oder Mathematikgenie. (Modernen Vorstellungen zufolge werden wir übrigens jeweils zu ungefähr fünfzig Prozent vom Erbe und von der Umwelt geprägt, wobei sich spezifische Umweltfaktoren, abhängig von den ererbten Lebensgrundlagen, mehr oder weniger stark auf die Persönlichkeit auswirken.)

Iwan P. Pawlow
Von Hunden und Menschen
(Klassische Konditionierung)

Sein Leben

Iwan Petrowitsch Pawlow war ein russischer Physiologe, der während einer Untersuchung des Verdauungsprozesses beim Hund ein Verfahren zur Verhaltensforschung und eine Lerntheorie entwickelte, die sich nachhaltig auf das Denken der Moderne auswirken würde.

Iwan Pawlow wurde 1849 als ältestes von zehn Kindern eines russisch-orthodoxen Geistlichen geboren. Nach der Schule nahm er, der Tradition folgend, zunächst an einem Priesterseminar teil, das er jedoch 1870 aufgab, um, abseits der Wege seiner Familie, in St. Petersburg Tierphysiologie, Chemie und Humanmedizin zu studieren. 1881 heiratete Pawlow eine Pädagogikstudentin, drei Jahre später promovierte er.

Der Russe machte schnell Karriere. Nach einem zweijährigen Studienaufenthalt in Leipzig und Breslau folgte 1886 die Habilitation im Studienfach Pharmakologie. Fünf Jahre danach wurde Iwan Pawlow beauftragt, eine Abteilung für Physiologie am Institut für Experimentelle Medizin in St. Petersburg aufzubauen. 1895 bis 1924 hatte er eine Professur für Physiologie an der örtlichen Militärärztlichen Akademie inne.

Interessanterweise wurde Pawlow, wie zuvor vom Zarenreich, nach der Oktoberrevolution 1917 auch von der bolschewistischen Führung großzügig unterstützt. Seine Tierversuche und deren Übertragung auf den Menschen ließen sich hervorragend mit dem materialistischen Weltbild der Kommunistischen Partei unter einen Hut bringen. Die Idee des Physiologen, durch unterschiedliche Umweltbedingungen Tiere oder Menschen nachhaltig zu verändern, passte ebenfalls nicht schlecht zur Ideologie von der Erziehung neuer sozialistischer Männer und Frauen.

In seinen letzten Lebensjahren erforschte Pawlow die menschliche Großhirnrinde. Zuvor hatte er, gleichsam als Krönung seines Lebenswerks, im Jahr 1904 den Nobelpreis für Physiologie und Medizin verliehen bekommen, da er den so genannten bedingten Reflex entdeckt und erforscht hatte, eine Grundstruktur für individuelles Lernen, die bei Tieren und auch beim Menschen auftritt.

1936, zur Zeit des Stalin-Terrors und der Schauprozesse, starb Iwan Petrowitsch Pawlow im Alter von 86 Jahren in seiner Wahlheimat St. Petersburg, das inzwischen Leningrad hieß.

Menschenbild, wichtige Ideen und ihre Auswirkungen

Die berühmtesten Experimente des russischen Physiologen, die inzwischen unter der Überschrift »Pawlows Hunde« zur Redewendung geworden sind, beschäftigen sich mit der Verdauungssekretion der Vierbeiner. Bei Hunden im Labor wurde die Speichelabsonderung vor und während des Fressvorgangs untersucht. Die Speichelsäfte dienen dazu, die Nahrung, die aufgenommen wird, im Mund vorzuverdauen, wodurch der Hund dem Magen-Darm-Trakt einen Teil der Arbeit abnimmt. Dass auch wir Menschen entsprechend reagieren, gehört zu unserem tierischen Erbe.

Iwan Pawlow stellte fest, dass die Hunde mit der Zeit bereits anfingen, verstärkt zu speicheln, *bevor* ihnen ein Mitarbeiter Futter gab. Etwas Ähnliches ist übrigens bei uns zu beobachten, wenn uns schon der Duft einer leckeren Speise das Wasser im Mund zusammenlaufen lässt. Offensichtlich haben sich hier Geruch und Speichelabsonderung miteinander verbunden. So als würde der Verdauungstrakt erwarten, gleich etwas Leckeres zu essen zu bekommen und deshalb schon mal die nötigen Grundlagen im Mund dafür bereitstellen.

Pawlow stellte überdies fest, dass es ihm bei einer bestimmten Versuchsanordnung möglich war, das Speicheln seiner Hunde gezielt auszulösen. Er läutete jedes Mal eine Glocke, direkt vor dem Zeitpunkt, zu dem den Tieren Futter gegeben wurde. Nach mehreren Wiederholungen dieses Ablaufs verstärkte sich der Speichelfluss bei den Hunden schon, wenn Pawlow nur mit dem Glöckchen klingelte. Selbst wenn im Anschluss regelmäßig *kein* Futter folgte, dauerte es noch einige Male, bis das Speicheln nach dem Klingeln zurückging und mit der Zeit wieder auf Normalwerte herabsank.

Der russische Physiologe erklärte sich diese Beobachtungen, die er *bedingter* oder *konditionierter Reflex* nannte, so: Fressen löst automatisch einen verstärkten Speichelfluss aus, beim Hund wie beim Menschen. Wissenschaftlich formuliert: Das Futter als *unkonditionierter Reiz* führt zum Speicheln als *unkonditionierter Reaktion*.

Ein Glockenton bewirkt beim Tier zunächst überhaupt nichts.

Wenn jedoch das Klingeln – oder ein anderer auffälliger Reiz – mehrmals zeitlich direkt vor der Futtervergabe liegt, assoziiert der Hund das Klingelgeräusch mit der Fressgelegenheit. Für ihn ist es so, als würden beide Vorgänge zusammenhängen. Die Glocke wird nach einigen Wiederholungen zum *konditionierten Reiz*, der in eine *konditionierte Reaktion*, den verstärkten Speichelfluss, mündet. Der Vierbeiner rechnet, wenn es läutet, fest damit, dass gleich Futter kommt. Da er sich nach dem Klingeln auf den Fressvorgang einstellen kann, eben indem er sich das Wasser im Maul zusammenlaufen lässt, nimmt er den Glockenton zum Anlass, zu speicheln.

Dass einem Tier oder einem Menschen durch einen konditionierten Reiz eine bestimmte Reaktion antrainiert wird, bezeichnet die Lernpsychologie als *Klassische Konditionierung*. Hierbei geht es um einen Lernvorgang, der automatisch stattfindet und bei weitem nicht die volle Beteiligung des Bewusstseins benötigt.

Der Abbau einer konditionierten Reaktion, *Löschung* genannt, dauert seine Zeit, so wie ihr Aufbau. Das heißt, der Hund muss mehrere Male die Erfahrung machen, dass auf einen Glockenton kein Futter mehr folgt, um nicht mehr verstärkt zu speicheln, falls es läutet.

Nach einer ähnlichen Methode lässt sich Tieren und Menschen ein Rückzugsverhalten auf ursprünglich neutrale Reize antrainieren. Pawlow, kein ausgesprochener Tierfreund, spannte seine Hunde in Geschirre mit Elektroden, die an den Pfoten befestigt waren. Die Tiere bekamen einen ungefährlichen Elektroschock, was zum sofortigen Zurückziehen der Pfote führt und als unkonditionierte Reaktion auf einen unkonditionierten Reiz ganz automatisch geschieht.

Falls hingegen jedes Mal direkt vor dem Schock eine Glocke (als ursprünglich neutraler Reiz) läutet, löst mit der Zeit schon die Glocke allein (als konditionierter Reiz) den Rückzug der Pfote (als konditionierte Reaktion) aus, so als nähme der Hund den Glockenton als Warnung, um den Elektroschock noch vermeiden zu können.

Konditionierte Reaktionen, ob Speicheln oder Pfoten-Rückzug, lassen sich mit der Zeit auch durch Reize auslösen, die nur so ähnlich sind wie der ursprünglich andressierte Reiz. Etwa durch den Klang eines Gongs statt durch den einer Glocke. Dieser Vorgang wird *Reizgeneralisierung* genannt.

Etwas Ähnliches wird auch bei uns beobachtet, zum Beispiel bei Menschen mit einer Phobie. Ein Angstpatient erlebt vielleicht seinen ersten Panikanfall in einem Aufzug. Anschließend vermeidet er es, mit einem Lift zu fahren. Wenn ihn eine bestimmte Situation an die unangenehme Erfahrung erinnert, vielleicht eine kurzfristige Betriebsstörung in der U-Bahn, steigt die Wahrscheinlichkeit dafür, dass der Phobiker auch hier Panikgefühle spürt und in Zukunft auf die U-Bahn-Benutzung (oder zum Beispiel auf Züge bzw. Flugzeuge) verzichtet.

Ein Reiz, hier ein unangenehmer oder *aversiver*, hat sich von einer Situation auf andere generalisiert, die so wirken, als seien sie ähnlich gefährlich. Die Antwort ist immer gleich, denn die Angst löst Flucht- oder Rückzugsverhalten aus. Manche Betroffenen verlassen nach einigen dieser Generalisierungserfahrungen im Extremfall ohne Unterstützung nicht einmal mehr die eigene Wohnung.

Pawlow, der von solchen Forschungen aus späteren Jahren noch nichts wissen konnte, machte bei seinen Hunden eine weitere interessante Entdeckung. Er zeigte ihnen visuell dargebotene Kreise oder Ellipsen. Wenn ein Hund gelernt hat, dass ein Kreis stets mit der Vergabe von Futter gekoppelt ist und nach einer Ellipse gar nichts passiert, vermag er zunächst immer feiner zwischen beidem zu unterscheiden, falls Kreis und Ellipse einander angenähert werden, also der Kreis immer elliptischer und die Ellipse immer kreisförmiger wird.

Irgendwann konnten die Tiere die Objekte nicht mehr klar voneinander unterscheiden, was zu einem neuroseähnlichen Verhalten führte: Sie fingen an zu heulen, sie machten nervöse Bewegungen, zeigten Aggressionen gegenüber Artgenossen oder Menschen, und sie bellten heftig. Pawlow sprach von einer »experimentellen Neurose«.

Iwan Pawlow inspirierte einige US-amerikanische Wissenschaftler zu Menschenversuchen. John B. Watson (1878 bis 1958) zum Beispiel, ein amerikanischer Verhaltensforscher, wurde durch den Russen dazu angeregt, ein Experiment zu den Hintergründen der Furcht durchzuführen, das man heute unmenschlich finden würde.

Der Forscher löste zunächst bei einem elf Monate alten Baby, das unter dem Namen »Little Albert« bekannt wurde, Angst aus, indem er mit einem Hammer auf eine Stahlplatte schlug und so unangenehmen Krach erzeugte, dass der kleine Junge erschrak und anfing zu weinen. Dann ließ man das Baby mit einer zahmen Ratte allein. Als es neugierig die Hand nach dem Nagetier ausstreckte, schlug man wieder mit dem Hammer auf die Metallscheibe, was erneut Angst auslöste. Mit der Zeit genügte es, Krach mit der Stahlplatte zu machen, um das kleine Kind zu ängstigen und zum Weinen zu bringen.

Wissenschaftler Watson behauptete anschließend, Phobien bestünden aus nichts als solchen bedingten, aversiv geprägten Reflexreaktionen, und die sehr andersgearteten Erklärungsversuche der Psychoanalyse zum Thema »verdrängte frühkindliche Konflikte« seien unwissenschaftlicher, esoterischer Blödsinn.

Heute gehen die meisten Forscher davon aus, dass die Klassische Konditionierung, wie sie Pawlow, John B. Watson und andere Lerntheoretiker beschreiben, durchaus bei vielen innerseelischen oder zwischenmenschlichen Vorgängen eine Rolle spielt. Etwa wenn ein früheres Kriegskind durch einen Feueralarm an die Fliegerangriffe des Zweiten Weltkriegs denkt und sich als Erwachsener so hilflos fühlt wie damals im Luftschutzkeller. Oder wenn eine Frau durch einen Verehrer an einen wichtigen Freund erinnert wird, weswegen sie dem Mann zunächst einmal mit genauso positiven Empfindungen gegenübertritt.

Im Gegensatz zu Iwan Pawlow oder John Watson vor über hundert Jahren glauben die meisten Psychologen allerdings inzwischen, dass es weite Bereiche unseres Verhaltens, unserer Haltungen, Antriebe und Motivationen gibt, die sich wenig bis gar nicht durch so simple naturwissenschaftliche Phänomene wie den bedingten Reflex erklären lassen.

Burrhus F. Skinner
Von unerwünschten zu erwünschten Verhaltensweisen kommen
(Operante Konditionierung)

Sein Leben

Während Iwan Pawlow eher theoretische Grundlagen von Neurologie und Psychologie erforschte, kann Burrhus F. Skinner als einer der Väter einer wichtigen Therapierichtung gelten, der Verhaltenstherapie. Skinner beschäftigte sich zwar ebenfalls mit Grundlagen der Lernpsychologie, allerdings hatten seine Ideen reale pädagogische und therapeutische Auswirkungen.

Als Anhänger eines radikalen Behaviorismus (eine Haltung gegenüber dem Menschen, die sich auf beobachtbares Verhalten, englisch *behavior*, beschränkt) ging Skinner davon aus, dass uns unsere Umweltbedingungen bestimmen, und dass sich durch geeignete Bedingungen oder Situationen sämtliche »Verhaltensprobleme« von Kindern oder Erwachsenen erfolgreich korrigieren lassen.

Er gab einmal zu, dass seine wissenschaftliche Orientierung auch Ausdruck seiner Lebensgeschichte war. Burrhus F. Skinner wurde 1904 als Sohn eines maßlos ehrgeizigen New Yorker Rechtsanwalts und einer Mutter geboren, die extrem strenge Maßstäbe für Gut und Böse, Richtig und Falsch hatte und sie auch an andere Menschen ansetzte.

Dennoch erlebte Skinner seine Kindheit, wie er später schrieb, als warm und stabil. Der kleine Burrhus ging dem Vernehmen nach gern zur Schule und zeigte ein starkes technisch-praktisches Interesse, da er unter anderem gerne Apparate konstruierte.

Für Gründergestalten der verschiedenen psychotherapeutischen Richtungen ist ein solcher Hintergrund recht ungewöhnlich. Normalerweise lässt sich eher ein Interesse für andere Menschen feststellen, oder der Wunsch, den beeinträchtigteren unter ihnen zu helfen, als eine Neugier, die sich weitgehend auf Maschinen und technische Abläufe beschränkt. Bei Skinner mündete dieses Interesse in ein lebenslanges Faible für Laborexperimente und eine strikt naturwissenschaftlich-materialistische Sichtweise des Menschen.

Als er ins College kam, starb sein jüngerer Bruder. Skinner selbst schrieb später, er sei beim Erhalt der Todesnachricht nicht wirklich berührt gewesen und habe deshalb später Schuldgedanken gehabt. Ohnehin wirkt er auch in dem, was er schreibt, ziemlich unempathisch, so als sei er kaum dazu in der Lage, sich in andere einzufühlen.

Zunächst studierte B. F. Skinner in New York englische Literatur, denn er wollte Schriftsteller werden und sah diesen Studiengang als gute Grundlage für eine solche Karriere an. Er arbeitete in einer Buchhandlung und versuchte ein Jahr lang zu schreiben, bis ihm klar wurde, dass er – zumindest zu diesem Zeitpunkt – nicht genug zu sagen hatte, um von der Schriftstellerei zu leben.

In New York las er Werke von Pawlow und anderen Behavioristen. Obwohl er als Literaturwissenschaftler etwas ganz anderes studiert hatte, bekam Skinner die Gelegenheit, an der Eliteuniversität Harvard im Fach Psychologie zu promovieren. In seiner Harvard-Bewerbung hatte er geschrieben, er sei von der literarischen Methode »betrogen« worden und wolle sich daher »der wissenschaftlichen zuwenden«.

Bei seinen Laboruntersuchungen übernahm Burrhus F. Skinner eine Maxime vom Physiologen Pawlow: »Kontrolliere die Umweltbedingungen, dann wirst du erkennen, welches System hinter einer bestimmten Verhaltensäußerung steht.«

Er entwickelte eine Laboreinrichtung für Ratten und Tauben, mit Hebeln und standardisierter Futtervergabe, die bis heute verwendet wird. 1931, während der Weltwirtschaftskrise, beendete Skinner seine Doktorarbeit. Anschließend forschte er fünf Jahre lang eigenständig. 1936 wurde er Dozent für Psychologie an der Universität von Minnesota in Minneapolis, wofür er seine Laborexperimente unterbrach.

1944, nachdem die Nazis englische Städte mit »V2«-Raketen angegriffen hatten, reaktivierte Skinner seine Experimentierfreudigkeit für das amerikanische Militär. Er führte Versuche mit Tauben durch, die uns heute eher grotesk erscheinen: Die erlernten Schnabel-Pickbewegungen dressierter Vögel sollten dazu genutzt werden, ballistische Raketen bis zum Zielort auf Kurs zu halten. Pro Rakete war eine Taube vorgesehen. Doch dieser Plan wurde, was kaum verwundert, nicht umgesetzt, stattdessen entwickelte die US Army radargestützte Raketen-Fernlenksysteme.

Von 1948 bis zu seiner Emeritierung im Jahr 1974 war B. F. Skinner Ordinarius für Psychologie in Harvard, seiner alten Ausbildungsstätte. Gleich im ersten Jahr dieser Tätigkeit veröffentlichte er einen utopischen Roman, der im deutschen Sprachraum unter dem Titel »Futurum Zwei« erschien und vor allem in den USA ein Verkaufshit war. Hier stellt Skinner eine Welt dar, in der die Erwachsenen totale Kontrolle über ihre Kinder haben und die Gesellschaft totale Kontrolle über Außenseiter und Delinquenten. Wer die gesellschaftlichen oder elterlichen Vorgaben nicht erfüllt, wird mit Dressurmaßnahmen angepasst, hier jedoch mit mehr Zuckerbrot als Peitsche, ganz so wie in der Wirklichkeit Skinners Ratten und Tauben.

Der Amerikaner brachte seinen Roman 1948 heraus, im gleichen Jahr, in dem George Orwell seinen Bestseller »1984« schrieb. Auch die Thematik, das Leben in einer totalitären Welt, war ein Stück weit vergleichbar. Doch der Protagonist in »1984« versucht, still gegen den schier allmächtigen Staat zu rebellieren, um sich zumindest Gedankenfreiheit und Liebe erhalten zu können. Schließlich scheitert er.

»Futurum Zwei« hingegen stellt die totale, formierte Gesellschaft nicht als menschenfeindliche Welt dar, gleichsam als Warnung an uns alle, sondern als erstrebenswertes Ziel, als idealen Zustand, in dem es langfristig keine Mörder und Diebe mehr gibt, keine unglücklichen oder einsamen Leute, keine schlechten oder seelisch kranken Menschen. Jede Rebellion wäre vollkommen unvernünftig und ließe sich innerhalb kurzer Zeit beseitigen. Seit seiner Veröffentlichung ist B. F. Skinners einziger Roman wegen dieser Tendenz hochumstritten.

Auf seinen weniger kritisierten Vorarbeiten basieren heutige PC-Lernprogramme ebenso wie die so genannten Sprachlabors an weiterführenden Schulen. In beiden Fällen geht es um kleine Stoff-Einheiten, die jeweils aufeinander aufbauen und deren Bewältigung jedes Mal mit Lob belohnt wird. Auf diese Art und Weise lässt sich recht effektiv lernen.

Skinner, seit 1931 verheiratet, hatte zwei Töchter. Die ältere folgte ihm nach, sie wurde schließlich Präsidentin der B. F. Skinner Foundation und Dozentin für Behaviorismus an der West Virginia-Universität.

Seine jüngere Tochter zog der Wissenschaftler zum Teil in einer »artifiziellen Umgebung« auf, einem Kinderzimmer, das ein wenig dem Rattenlabor an der Hochschule nachempfunden war und »Baby-Box« genannt wurde. Es gab später das Gerücht, diese Tochter, Deborah, sei als Erwachsene psychisch krank und »voller Ressentiments gegen den Vater« gewesen, was sie selbst jedoch einmal als »bösartige Unterstellung« zurückwies. 1989 wurde bei Burrhus F. Skinner Leukämie diagnostiziert. Er ließ sich durch die Krebserkrankung nicht davon abhalten, weitere Bücher zu schreiben, Aufsätze zu veröffentlichen und Vorträge zu halten, bis er 1990 mit 86 Jahren starb.

Menschenbild, wichtige Ideen und ihre Auswirkungen

Für Skinner, der das, was sich im Inneren des Menschen abspielen mag, ignoriert hatte und sich ausschließlich am Mess- und Manipulierbaren orientierte, ist die *Reaktion* die Schlüsseleinheit des Verhaltens. Das kann vom einfachen Reflex – wie bei Pawlow – bis zu komplexen Verhaltensweisen wie der Lösung eines technischen oder zwischenmenschlichen Problems gehen.

Jede Reaktion lässt sich zu Ereignissen in der Umwelt in Beziehung setzen. Lernprozesse entsprechen Verbindungen (oder Assoziationen) von Umweltereignissen (oder Reizen) mit bestimmten Reaktionen.

B. F. Skinner unterscheidet Reaktionen, die von bestimmten Reizen ausgelöst werden, etwa den Speichelfluss bei Futtervergabe oder Glockenton, von Reaktionen, die sich zunächst mit keinem Reiz assoziieren lassen, so genannten *Operanten*, deren Grund im Organismus und in den Genen selbst liegt, und die nicht selten spontan auftreten. Beispiele für solche Operanten wären die Beobachtungen, dass ein gesunder Hund gelegentlich seine Beine bewegt und läuft, ohne dass es dafür einen konkreten Anlass gibt, oder dass ein Baby in einer bestimmten Phase des Spracherwerbs häufig auch dann vor sich hin plappert, wenn es gerade alleine ist und mit niemandem kommuniziert.

In diesen und vielen anderen Fällen gilt, dass die meisten sichtbaren Verhaltensweisen durch die Konsequenzen beeinflusst werden, die wir erwarten und mit einer bestimmten Handlung verbinden. Je nachdem, ob jemand das Rennen beim Hund oder das Plappern beim Baby belohnt, ob er es ignoriert oder gar bestraft, wird es häufiger oder seltener, länger oder kürzer auftreten.

Im Tierversuch geht das folgendermaßen: Eine Ratte probiert im Laborkäfig spontan verschiedene Handlungsalternativen aus, was den eben beschriebenen »Operanten« entspricht. Wenn sie zufällig mit Pfote oder Schnauze einen in den Käfig eingebauten Hebel nach unten drückt und anschließend durch einen entsprechenden Mechanismus einige Futterkörner in eine Schale rieseln, wird die Ratte dieses Verhalten immer wieder anwenden, um etwas fressen zu können.

Das Futter fungiert hier als Belohnung oder, wie Skinner es nennt, als *positive Verstärkung*. Das Hebeldrücken wird zur erwünschten Reaktion, deren Häufigkeit zunächst zunimmt, weil der Nager immer wieder durch Futter belohnt wird, nachdem er den Mechanismus erfolgreich bedient hat. Das Futter selbst gilt in dieser Theorie als *Verstärker*.

Falls der Apparat so eingestellt ist, dass Futter erst dann in die Fressschale rieselt, wenn die Ratte den Hebel *dreimal hintereinander* heruntergedrückt hat, wird sie auch dieses »Kunststück« mehr oder weniger schnell erlernen und in Zukunft dreimal hintereinander drücken. Auf entsprechende Weise lässt sich die Hebeldrückfrequenz einer Ratte, also das gewünschte Verhalten, durch die Form der positiven Verstärkung modifizieren.

Auch eine so genannte *negative Verstärkung* führt dazu, dass ein bestimmtes Verhalten tendenziell häufiger auftritt. In diesem Fall fällt nach einer erwünschten Handlung eine befürchtete Bestrafung fort. Wenn zum Beispiel eine Versuchsratte nur dann *nicht* mit Stromstößen traktiert wird, wenn sie eine bestimmte Taste oder einen bestimmten Hebel drückt, dann wird sie Taste oder Hebel immer wieder bedienen, um die Bestrafung zu vermeiden. Etwas Ähnliches findet statt, wenn ein wenig sensibler Vater zu seinen Kindern meist distanziert und unfreundlich ist, wenn sie nicht gerade eine besondere Leistung (wie eine Eins in der Schule oder einen Preis in einem Wettbewerb) vorweisen können.

Falls in Skinners Welt eine bestimmte Verhaltensweise *seltener* auftreten soll als bisher, etwa eine gesellschaftlich unerwünschte Handlung, gibt es verschiedene Möglichkeiten, dies zu erreichen. Neben den allgemein bekannten Methoden der *Bestrafung* gibt es eine wirksame Technik, die Skinner *Löschung* nannte und die gleichbedeutend mit dem ist, was man in der zwischenmenschlichen Kommunikation »Ignorieren« nennt, also das Vermeiden jeder (positiven oder anderen) Verstärkung. Eine solche Löschung scheint erfolgreicher zu sein als eine Bestrafung und vor allem länger zu wirken, auch wenn derjenige, der diese Technik verwendet, oft lange durchhalten muss, um sich durchzusetzen. Und natürlich geht es bei diesem Ansatz zunächst einmal um Durchsetzen und um Manipulation.

Löschungen finden sich in manchen Bereichen der Kindererziehung; immer dann, wenn ein Kind versucht, durch störende Handlungsweisen auf sich aufmerksam zu machen, und die Erwachsenen dieses Verhalten nicht beachten. (Eine wichtige Voraussetzung wäre hier, dass die Eltern oder Pädagogen dem Kind im Normalfall Beachtung schenken und ihm ihre Wertschätzung deutlich machen, wenn es sich angemessen verhält. Aber selbst dann wirken solche erzieherischen Maßnahmen, wie die meisten pädagogischen Ideen Skinners, schematisch und eher dressurartig.)

Verhaltensänderungen durch positive oder negative Verstärkung, Löschung oder Bestrafung fasste B. F. Skinner unter dem Begriff *Operante Konditionierung* zusammen.

Einige seiner Versuche haben interessante Konsequenzen. Ein Beispiel: Bei einem von Skinners Taubenexperimenten bekamen die Vögel in bestimmten Zeitabständen Futter, das in eine Schale im Käfig fiel. Zuvor hatten sie gelernt, dass bestimmte Verhaltensweisen (wie das Drücken eines Hebels) dazu führen, Futter in die Schale zu bekommen.

Dieses Mal wurden die Tauben getäuscht: Unabhängig vom Verhalten der Vögel kam automatisch in bestimmten festen Zeitabständen, zum Beispiel alle zehn Sekunden, Futter in die Schale. Doch die Tauben schienen weiterhin an einen Zusammenhang mit ihren eigenen Handlungsweisen zu glauben, denn sie behielten genau das Verhalten bei, das sie an den Tag gelegt hatten, als sie bei dieser Experimentalreihe zum ersten Mal etwas zu fressen bekommen hatten.

Eine Taube war zu Anfang vielleicht schräg zur Schale hingegangen. In diesem Fall blieb sie einfach dabei und marschierte anschließend jedes Mal schräg zur Futterschüssel. Eine andere hatte sich möglicherweise von rechts halb zur Schale hingedreht und dann zweimal den Hebel mit dem Schnabel heruntergedrückt. Diesen Ablauf behielt sie bei allen weiteren Versuchen bei. Da die Vögel immer wieder in regelmäßigen Abständen mit Futter belohnt wurden, wenn auch automatisch, gab es für sie keine Notwendigkeit, ihr seltsames Verhalten an der Wirklichkeit zu korrigieren. Die Tauben hielten weiterhin an den Verhaltensweisen fest, die sich für sie zu Anfang als erfolgreich erwiesen hatten.

B. F. Skinner fand Parallelen zum abergläubischen Verhalten beim Menschen. Wer etwa davon ausgeht, dass ihn ein Amulett, das er trägt, vor schlimmem Unheil schützt, der wird jede Lebensphase, in der nichts allzu Furchtbares passiert, als Bestätigung seiner Hypothese verstehen und alles dazu tun, um zu vermeiden, dass dieses Amulett versehentlich irgendwo liegen bleibt.

Generell spielen Operante Konditionierungen, also Verhaltensänderungen über Belohnung, Bestrafung und Löschung, in vielen Bereichen des Lebens eine Rolle. Sei es in der Erziehung, sei es im Umgang mit jugendlichen Straftätern oder allgemein in der menschlichen Kommunikation. Bei Tieren lassen sich über Prozesse der langsamen Annäherung an ein Endziel mittels gezielter positiver Verstärkungen zum Teil erstaunliche Resultate erzielen, wie es sich unter anderem bei jeder Zirkusvorstellung beobachten lässt. Im menschlichen Bereich motivieren gerade so genannte *allgemeine Verstärker* wie Geld oder auch das Gefühl, geliebt zu werden ungemein, und sie lassen sich auch manipulativ einsetzen.

Die Verhaltenstherapie, die etwa ab Ende der 1950er-Jahre entwickelt wurde, ließ sich – neben Iwan Pawlow – ebenfalls stark von den Theorien Skinners inspirieren. Positive Verstärkungen einer gewünschten Entwicklungsrichtung durch den Therapeuten, die irgendwann zu *Selbstverstärkungen* werden, durch die sich der Klient auch ohne Anstöße von außen zu gesunden Verhaltensweisen und Haltungen motiviert, spielen auch in der modernen Verhaltenstherapie eine Rolle.

Im Gegensatz zu Skinner berücksichtigen die Verhaltenstherapeuten und Lernpsychologen der Gegenwart neben Verstärkern und Verstärkungsprozessen allerdings auch Ressourcen, Begabungen und Biographien, sie achten auf kognitive, also auf Wahrnehmung oder Erkenntnis bezogene Prozesse, und auf die Gefühle.

Skinners Menschenbild, das davon ausgeht, Kinder oder Erwachsene programmähnlich umzugestalten, damit sie perfekt verkörpern, was die Gesellschaft von ihnen erwartet, hat etwas zutiefst Unfreiheitliches, denn Selbstbestimmung ist hier nur in den begrenzten Bereichen möglich, in denen sie nicht irgendwelchen gesellschaftlich diktierten Zielen zuwiderläuft. Sowohl bei seinem Roman »Futurum Zwei« wie auch bei Versuchsanordnungen wie der »Baby-Box«, in der er zeitweise eine Tochter aufzog, wird deutlich, dass Skinner Menschen ein bisschen wie die Tiere seiner Laborexperimente betrachtete, was wohl nicht viel Platz für Respekt vor der Würde oder vor der Integrität des Einzelnen ließ.

Aaron T. Beck
Systematisch aus dem
seelischen Tief herausfinden
(Kognitive Verhaltenstherapie bei Depression)

Sein Leben

Während Pawlow und Skinner eher theoretisch oder experimentell forschten und dabei Mechanismen wie die Klassische oder die Operante Konditionierung entdeckten, hatten die Ideen des Amerikaners Aaron T. Beck direkte Auswirkungen auf die Psychotherapie, und er erprobte sie auch in diesem praktischen Rahmen.

Beck steht hier stellvertretend für einige meist US-amerikanische Gründergestalten der so genannten Kognitiven Verhaltenstherapie.

Mit dem Begriff »kognitiv«, auf Wahrnehmung und Erkenntnis bezogen, fasst man unterschiedliche Ansätze zusammen, die seit den 1970er-Jahren dazu beigetragen haben, dass Verhaltenstherapeuten neben Konditionierungsmechanismen heute auch die Gedanken, Erinnerungen, Phantasien und Gefühle ihrer Klienten berücksichtigen. Diese so genannte Kognitive Wende der VT wird hauptsächlich dafür verantwortlich gemacht, dass die allermeisten Verhaltenstherapeuten ihren Klienten inzwischen respektvoll und empathisch begegnen, statt sie ein bisschen so zu betrachten wie B. F. Skinner seine Ratten und Tauben im Labor.

Aaron T. Beck, geboren 1921, wuchs in dem New England-Zwergstaat Rhode Island auf. Ihm wird nachgesagt, dass er schon immer sehr daran interessiert war, die verschiedensten Menschen zu verstehen. Beck studierte Medizin, zunächst an der Brown University, später in Yale; beides Eliteuniversitäten. Als Mitherausgeber einer hochschuleigenen Tageszeitung der Brown University gewann er einige Preise, unter anderem für seine Essays. 1946 promovierte Beck in Yale. Anschließend arbeitete er als Pathologe am Rhode Island Hospital.

Beck hätte sich gerne auf Psychiatrie spezialisiert, doch er lehnte die damaligen, stark auf Verwahrung und Zwang ausgerichteten Konzepte der psychiatrischen Anstalten ab. Stattdessen machte er den Facharzt in Nervenheilkunde und arbeitete daraufhin als Neurologe im Krankenhaus. Als er einmal die Vertretung für einen Psychiater auf der Station für seelisch Kranke übernehmen musste, stellte er fest, dass es in diesem Bereich positive Weiterentwicklungen gegeben hatte, auf denen er aufbauen konnte. Er entschied sich um und wurde doch noch zum Spezialisten für seelische Krankheiten. Anschließend beschäftigte sich Beck mit Langzeitpsychotherapie und war zwei Jahre als Supervisor an einem psychoanalytischen Institut tätig. Während des Koreakrieges 1950 bis 1953 arbeitete er als stellvertretender Chefarzt an einem Militärkrankenhaus. 1954 bis zur Emeritierung war Beck Professor für Psychiatrie an der University of Pennsylvania und entwickelte dort die von ihm so genannte Kognitive Therapie psychischer Störungen. Neben seinem Hauptgebiet, der Behandlung von Depressionen, beschäftigte sich Aaron Beck unter anderem auch mit Angsterkrankungen, Suizidalität, Suchterkrankungen und der Therapie der besonders schweren und langwierigen Persönlichkeitsstörungen. Etwa dem Borderline-Syndrom, das die Betroffenen massiv beeinträchtigt und unter anderem mit tief gehender emotionaler Instabilität, massiven Stimmungsumschwüngen, Schwarzweißdenken und wiederholten Beziehungsabbrüchen einhergeht.

Außerdem leitete er eine internationale Forschungsgruppe zur kognitiven Verhaltenstherapie bei Schizophrenie, einer relativ häufig vorkommenden Gruppe von Wahnerkrankungen, die einen beinahe vollständigen oder sogar einen kompletten Verlust der Realitätswahrnehmung mit sich bringen.

17 Bücher schrieb Beck, oder er fungierte als Herausgeber. Sein in den 1950er- bis 1960er-Jahren entwickelter Ansatz, Therapiemethoden wissenschaftlich vergleichbar und überprüfbar zu machen, ist bei den meisten seriösen Untersuchungen inzwischen Standard. Beck wurde von Fachleuten einmal zu »einem der fünf einflussreichsten Psychotherapeuten der Geschichte« ernannt. Aaron T. Beck ist seit über fünfzig Jahren verheiratet, er hat vier Kinder und acht Enkel.

Menschenbild, wichtige Ideen und ihre Auswirkungen

Als Beispiel für die theoretischen und praktischen Konzepte Becks möchte ich die Ideen des Psychiaters zur Depression kurz darstellen. Eine Depression zeichnet sich nach Beck zunächst einmal durch verzerrte kognitive Strukturen und fehlerhafte Informationsverarbeitung aus: Ein depressiver Patient betrachtet sich selbst, seine Umwelt und seine Zukunft ausgesprochen negativ. Er glorifiziert die Leistungen anderer und stellt die eigenen in den Schatten.

Außerdem kommt es zu einem fortschreitenden Verlust positiver Verstärkung, denn der Depressive verzichtet häufig mehr und mehr auf befriedigende Aktivitäten. Mitunter zieht er sich zurück und kommuniziert kaum noch mit anderen Menschen, was Zuspruch, empathisches Zuhören oder Lob durch das Gegenüber unwahrscheinlich macht.

Wenn ein depressiver Patient Zeit zum Grübeln hat, vielleicht durch charakteristische Ein- und Durchschlafstörungen, die ihn fast jede Nacht stundenlang wach liegen lassen, bestraft er sich oft in Gedanken selbst, macht sich Vorwürfe, hat ein chronisch schlechtes Gewissen und ein niedriges Selbstwertgefühl.

Bestimmte Grundannahmen oder *Schemata*, zum Beispiel das Lebensmotto »Wenn ich die Erwartungen meiner Umwelt nicht erfülle, bekomme ich ein schlechtes Gewissen«, wirken sich hier destruktiv auf Motivation und Grundeinstellung aus. Vermeintlich oder tatsächlich negative Bewertungen durch die Umwelt werden überstark beobachtet, positive Bewertungen nicht zur Kenntnis genommen oder, was deren Motivation betrifft, ins Negative gewendet. Etwa: »Er hat mir das Kompliment nur gemacht, weil er mich für seine egoistischen Pläne gewinnen will«, oder: »Dass mein Mann zurzeit so viel arbeitet, liegt bestimmt daran, dass er mich nicht mehr liebt.«

Oft steht der Anspruch an die eigene Person, in allen Dingen perfekt sein zu müssen, hinderlich zwischen dem Patienten und seiner Fähigkeit, Probleme zu bewältigen oder glücklich zu sein. Meist haben sich solche Erwartungshaltungen in der Kindheit entwickelt. Bestimmte feste Regeln werden zu tyrannischen Vorschriften, die immer wieder »Sollte«-Forderungen stellen, so wie »Wer geliebt werden will, sollte andauernd viel leisten und die Ansprüche seines Gegenübers immer erfüllen«. Freud würde hier von einem besonders rigiden Über-Ich sprechen, die meisten Verhaltenstherapeuten lehnen solche Konzepte hingegen als »unwissenschaftlich« und kaum beweisbar ab.

Was die Psychotherapie depressiver Patienten angeht, entwickelte Aaron T. Beck unter anderem einen ausführlichen Fragebogen, der das aktuelle Ausmaß der seelischen Verstimmung ebenso erfasst wie deren körperliche Auswirkungen und die verschiedenen destruktiven Gedanken, die mit der Störung einhergehen.

Beck ist es, hierin den meisten Tiefenpsychologen durchaus vergleichbar, wichtig, dass die Behandlung auf der Basis einer guten und stabilen therapeutischen Beziehung stattfindet. Empathie, Geduld und eine wertschätzende Haltung gegenüber dem Patienten sind grundsätzlich entscheidende Faktoren für das Gelingen einer Psychotherapie, und das gilt ebenso für die Verhaltenstherapie.

In der kognitiven Verhaltenstherapie bei Depression werden mehrere Ziele gleichzeitig angegangen: Der Patient soll potenziell befriedigende Aktivitäten systematisch aufbauen, er soll soziale Kompetenzen erweitern, zum Beispiel indem er lernt, Nein zu sagen, wenn es nötig ist, und er wird motiviert, seine kognitiven Prozesse in eine konstruktive Richtung zu verändern.

Dieser letzte Punkt betrifft vor allem die verzerrten Schemata mit den ihnen innewohnenden systematischen Denkfehlern, wie sie eben beschrieben worden sind. Ist es denn wirklich möglich oder wünschenswert, dass Menschen perfekt sind; werden denn wirklich insbesondere die geliebt, die dauernd enorm viel leisten und es jedem recht machen wollen? Was steht zwischen Gegenwart oder Vergangenheit und dem Glücklichsein? Wie lassen sich große, wichtige Lebensziele in kleine Abschnitte unterteilen, damit man sie ohne allzu viele Ängste bewältigen kann? Solche Fragen stehen oft im Zentrum einer kognitiven Verhaltenstherapie, wie sie Aaron T. Beck, neben einigen anderen Therapeuten, entwickelt hat.

Eine solche kognitive Verhaltenstherapie wird heute nicht selten durch verschiedene Methoden ergänzt, die sich als überprüfbar bewährt haben und die gleichzeitig zum Patienten und zum aktuellen therapeutischen Entwicklungsstand passen müssen. Dazu können Rollenspiele als Selbstsicherheitstraining ebenso gehören wie etablierte Entspannungsverfahren, um die Genussfähigkeit zu verbessern oder Ängste erfolgreicher zu bewältigen. Beck geht davon aus, dass es bei praktisch jeder Depression nötig ist, Aktivitäten wiederherzustellen und zunehmend längerfristige, positive Lebenspläne mit einzubeziehen. Aber häufig ist es mindestens ebenso wichtig, auch die depressionsfördernden Einstellungen, Verhaltensweisen und Bedingungen zu verringern und zum Gesunden zu verändern. Bei vielen Depressionen scheint eine ambulante kognitive Verhaltenstherapie, mitunter begleitet von einer Einnahme antidepressiver Medikamente, auch nach dem Ergebnis vieler Kontrollstudien besonders wirksam zu sein.

Verhaltenstherapeutische Therapieformen gestern und heute

Wissenschaftler und Theoretiker wie I. P. Pawlow oder B. F. Skinner haben einiges dazu beigetragen, grundlegende Mechanismen zu erforschen, die sowohl beim Menschen als auch bei Tieren eine Rolle spielen. Als Beispiele wurden die Klassische Konditionierung Pawlows und die Operante Konditionierung Skinners näher dargestellt. In der Kindererziehung, aber auch beim Umgang mit geistig Behinderten oder mit Psychotikern, kann z. B. der gezielte Einsatz von Belohnungen Sinn ergeben. Etwa wenn die Eltern zu ihrem halbwüchsigen Kind sagen: »Wenn du deine Hausaufgaben fertig hast, kannst du deine Fernsehserie gucken«, oder wenn ein Pfleger einem Psychiatriepatienten verspricht: »Wenn Sie sich eine Woche regelmäßig geduscht haben, bekommen Sie eine Flasche Ihrer geliebten Cola«.

Was die Verhaltenstherapie als Verfahren zur Behandlung von Neurosen betrifft, wirkte die Methode bis in die 1970er-Jahre hinein steril und kalt. Gefühle wurden vom Therapeuten oft genauso ignoriert wie der Stand der therapeutischen Beziehung. Nicht einmal nach den Gedanken und Phantasien ihrer Klienten fragten manche Behandelnden. Das Ganze schien ein wenig wie ein Versuch, die Konditionierungsmechanismen aus dem Tierversuch auf den Menschen zu übertragen.

In den 1970er-/1980er-Jahren, mit der »Kognitiven Wende« in der Lernpsychologie, änderte sich das, und das lag an Persönlichkeiten wie Aaron T. Beck. Heute schenken Lernforscher und Verhaltenstherapeuten der Gefühlswelt ihrer Patienten ähnlich viel Aufmerksamkeit wie den Gedanken und Erinnerungen. Die Entwicklung der therapeutischen Beziehung ist besonders wichtig. Auch die Gefühle, Gedanken und Phantasien, die der Therapeut im Klienten auslöst (Übertragung), ebenso wie die Gefühle, Gedanken und Phantasien, die der Patient im Therapeuten auslöst (Gegenübertragung), werden berücksichtigt. Das Ausprobieren verschiedener Handlungsalternativen, »Hausaufgaben«, um das Gelernte in den Alltag zu integrieren, und das Erarbeiten eines Wegs, der zum Klienten passt, sind ebenfalls typisch für die moderne Verhaltenstherapie.

Die Wirksamkeitsnachweise für kognitiv orientierte Verhaltenstherapien sind insgesamt überzeugend, gerade bei Depressionen, aber auch bei Ängsten, bei Zwängen und bei Persönlichkeitsstörungen. Eine wichtige Voraussetzung ist jedoch, dass der Therapeut nicht einfach Techniken anwendet, sondern sich in sein Gegenüber einfühlt und ihm Raum lässt.

Allgemein gilt, dass sich ungefähr seit den letzten zwei Jahrzehnten ein Trend verstärkt, der nicht mehr so sehr in Kategorien der Konkurrenz verschiedener »Therapieschulen« denkt. Solche Therapeuten haben zum Teil mehrere verschiedene Ausbildungen gemacht. Auf jeden Fall verwenden sie aus den unterschiedlichen Richtungen das, was bei einem Patienten gerade geeignet scheint, den Behandlungsprozess positiv zu unterstützen (»Integrative Therapie«).

Humanistische,
hypnotherapeutische und
körperorientierte Ansätze:

Aufbruch
zu neuen Ufern

Neben den beiden großen, oft gegensätzlichen und miteinander konkurrierenden Richtungen der Psychoanalyse/ Tiefenpsychologie und der Verhaltenstherapie gab es im 20. Jahrhundert einige Gründergestalten der Psychotherapie, die versuchten, eigene Wege zu gehen und sich dem Menschen in einer Weise zu nähern, die wir heute vielleicht »ganzheitlich« nennen würden.

Diese Richtungen, so unterschiedlich die Herangehensweisen häufig auch sind, werden unter dem Begriff »Humanistische Therapien« zusammengefasst. Die meisten orientieren sich an den Ressourcen, nicht an den seelischen Mängeln des Klienten, und sie verwenden häufig neben der Sprache auch andere Kommunikationsebenen.

Carl Rogers
Der Klient weiß selbst am besten, was ihm hilft
(Gesprächspsychotherapie)

Sein Leben

Einer der bekanntesten Psychologen, die auf der Suche nach einem Dritten Weg neben Psychoanalyse und Verhaltenstherapie waren, war der Amerikaner Carl Rogers, der 1902 in Illinois geboren wurde. Es heißt, dass wenige andere Therapieschulenbegründer so viel von sich selbst mitgeteilt haben wie der Vater der Gesprächspsychotherapie.

Der Name dieser Richtung ist etwas irreführend, da praktisch alle Therapeuten mit ihren Patienten sprechen, zumindest unter anderem. Viele Behandlungsbedürftige erzählen ihren Angehörigen, sie nähmen an einer »Gesprächstherapie« teil, nur weil während der Sitzungen geredet wird. In den allermeisten Fällen geht es hier nicht um eine Gesprächspsychotherapie nach Rogers, sondern um etwas anderes, etwa Verhaltenstherapie oder Tiefenpsychologie.

Carl Rogers, einer der wenigen Therapieschulengründer, die sich niemals ausführlicher mit Freuds Psychoanalyse beschäftigt haben, entstammte einer puritanisch-protestantischen, relativ wohlhabenden Familie im Mittleren Westen der USA. Carl hatte fünf Geschwister, gegen die er sich durchsetzen musste, was ihm schwer fiel, weil er ein schwächliches, sensibles Kind war. Da die Mutter dazu neigte, rigide Vorschriften zu machen, strikte Ge- und Verbote aufzustellen, war sie »die Person, der man besser nichts von sich erzählte«, wie Rogers später einmal meinte.

Die Familie Rogers zog aus der Stadt aufs Land, um die Kinder »vor den Gefahren der Stadt zu bewahren«. Traditionelle familienorientierte Werte, ein fundamentalistisches Verständnis von Religion und eine arrogant-ignorante Haltung gegenüber der »sündigen Welt« stellten das Zentrum der Rogersschen Ideologie dar.

Das, was von jedem Familienmitglied unterschwellig erwartet wurde, nämlich ein perfekter Christ zu sein, war in dieser Welt paradoxerweise im Grunde unmöglich, denn sündig blieb man nach Ansicht der Mutter immer.

Carl vergrub sich in diesem fast feindseligen Milieu in seinen Büchern und lebte, wie berichtet wird, in einer Traumwelt. Bis er während seines Studiums der Landwirtschaftslehre auf dem College seine spätere Frau kennen lernte und sich sozial engagierte. Damals war der spätere Menschenfreund noch extrem perfektionistisch und mit sich unzufrieden, wenn er während seiner Schul- oder Hochschulzeit einmal etwas anderes bekam als ein »A«, also eine Eins.

Die meisten Kontakte knüpfte Carl Rogers im Christlichen Verein Junger Männer (YMCA). Als Mitglied einer YMCA-Delegation bereiste er das vorkommunistische China und lebte dort ein halbes Jahr. Rogers sagt über sich selbst, er sei im Fernen Osten zu einem erwachsenen und selbstverantwortlichen Menschen geworden. Seitdem musste er sich nicht mehr aus einer unkomfortablen Realität in verschiedene Bücherwelten flüchten. Er rebellierte allerdings auch nie gegen die dogmatische, von Schuldgefühlen geprägte Atmosphäre seines Elternhauses.

Carl Rogers heiratete mit 22 Jahren und siedelte nach New York um, da er nach dem Abbruch seines Landwirtschaftslehre-Studiums lieber Theologie studieren wollte. Inzwischen war ihm, anders als seiner Herkunftsfamilie, der einzelne Mensch und dessen Seelenheil deutlich wichtiger als das religiöse Bekenntnis. Die Angst vor der Hölle wegen eigener Sünde und Schuld spielte keine Rolle mehr.

Bald wechselte Rogers noch einmal, jetzt an eine Pädagogische Hochschule, und zum letzten Mal. Dort studierte er Klinische Psychologie und Pädagogik bis zur Promotion 1931. Außerdem arbeitete er in einer Erziehungsberatungsstelle, wo er 1928 eine Festanstellung erhielt. 1929 bis 1939 war Rogers Chef der Psychologischen Abteilung der Beratungsstelle, später Leiter des ganzen Zentrums. Beides galt zuvor lange als Domäne der Psychiater. Er versuchte stets, seine Mitarbeiter in Entscheidungen einzubeziehen und wurde als »Teamspieler« betrachtet.

Viele seiner Klienten kamen aus so genannten Multiproblemfamilien, die oft von Arbeitslosigkeit, Bildungsmangel, Alkohol- oder Drogenproblemen, Gewalt und Verwahrlosung geprägt sind. Hier versuchte Rogers, wie bei all seinen Klienten, sich möglichst gut in die Welt seines Gegenübers einzufühlen, sein Bezugssystem zu verstehen, ihn zu akzeptieren, ohne ihn abzuwerten, und dabei so authentisch zu bleiben, wie es ging.

1945 bis 1957 war Rogers Professor an der Universität von Chicago und baute dort ein Forschungs- und Beratungszentrum auf, das ungewöhnlich unhierarchisch von ihm geführt wurde. Carl Rogers und seine Klienten sprachen sich zudem mit Vornamen an, sozusagen auf gleicher Augenhöhe. Er stritt jahrelang wissenschaftlich, aber emotional mit Burrhus F. Skinner, dessen Ansatz Rogers für technokratisch und letztlich unmenschlich hielt.

Ab 1964 arbeitete er an einem wissenschaftlichen Institut in Kalifornien, und Rogers konnte es sich leisten, dies ehrenamtlich zu tun, da er inzwischen gut von seinen Büchern lebte, mit denen er berühmt geworden war. Da ihm das Institut zu undemokratisch geleitet wurde, gründete er schließlich mit einigen Kollegen ein »Zentrum für die Erforschung der Persönlichkeit«. Bis ins hohe Alter war Rogers dort tätig, hauptsächlich im Rahmen von Gruppentherapien, wo er unter anderem die so genannte Encounter-Bewegung der 1960er-Jahre beeinflusste. »Encounter« heißt »Begegnung«, und gemeint sind hier Psychogruppen, in denen es um harmlose Selbsterfahrung gehen mochte, aber auch darum, alle Gefühle »herauszulassen«, was labile Persönlichkeiten durchaus gefährden kann. In den Jahren nach 1968 arbeiteten nicht wenige Psychotherapeuten hauptsächlich mit Befreiungs- oder Begegnungserfahrungen, oft in der Gruppe, immer verbunden mit starken Emotionen (und manchmal auch bei zwielichtigen Leitern).

In dieser Zeit öffnete sich Carl Rogers, was sein Privatleben betraf. Schon zuvor hatte er in therapeutischen Gesprächen viel von sich erzählt, jetzt ging er damit an die Öffentlichkeit. Rogers schlug vor, Examina und Diplome abzuschaffen, da jene nur dazu dienten, »den eigenen Erfahrungen zu misstrauen und wirkliches Lernen zu verhindern«. Er ging zudem davon aus, dass Lernen besonders effektiv verlaufe, wenn man es zusammen mit anderen Menschen in der Gruppe betreibe. Diese Idee wurde seither vielfach bestätigt.

Im Alter beschäftigte sich Rogers zunehmend mit esoterischen, aber auch mit politischen Visionen. Zum Beispiel wollte er in Großstädten unzufriedene Slumbewohner und Vertreter der Gesundheitsversorgung an einen Tisch bringen, um die Strukturen zu verbessern und gleichzeitig die einzelnen Menschen effektiv zu unterstützen.

1987 starb Carl Rogers nach einem erfüllten Leben mit 85 Jahren.

Menschenbild, wichtige Ideen und ihre Auswirkungen

Ein Rogers-Zitat fasst seinen humanistischen Therapieansatz gut zusammen: »Im Allgemeinen habe ich keine Vorstellung davon, was in der Psychotherapie passiert. Aber ich habe das Gefühl: Was auch passiert, es wird richtig sein.«

Rogers glaubte an das Gute im Menschen und an dessen Fähigkeit, sich zum Positiven zu verändern, mehr und mehr so zu werden, wie er wirklich sein möchte. Deshalb sind Rogers auch Ideen wie die Umkonditionierung durch den Therapeuten in der Verhaltenstherapie oder Vorstellungen der Vorherbestimmtheit wie bei Freud, wo sich zum Beispiel das Ringen zwischen Über-Ich und Es nicht beenden lässt, sondern nur mehr oder weniger angemessene Kompromisslösungen in Frage kommen, vollkommen fremd.

Ein Gesprächspsychotherapeut begleitet seine Klienten, aber, anders als der Tiefenpsychologe, deutet er Worte und Verhalten nicht als Ausdruck von seelischen Konflikten und, anders als ein Verhaltenstherapeut, hält er sie nicht dazu an, sich »unangemessene« Handlungen und Denkweisen abzugewöhnen und »angemesseneres« Verhalten zu erlernen.

Überhaupt beschäftigen sich Gesprächspsychotherapeuten kaum mit den Defiziten und Pathologien ihrer Patienten, vielmehr fördern sie deren Fähigkeiten und Ressourcen. Manchmal beschränkt sich der Dialog zwischen Behandelndem und Gegenüber darauf, dass der Therapeut in eigenen Worten zusammenfasst, was der Ratsuchende gerade gesagt hat, und die vermutlich dahinterstehenden Gefühle benennt (»Spiegeln«).

Tempo und Weg gibt der Klient vor, und alleine das Zutrauen des Gesprächstherapeuten, dass sein Gegenüber schon herausfinden wird, wie es ihm mittelfristig besser gehen kann, soll hier zum Behandlungserfolg beitragen.

In Deutschland haben es die Rogers-Schüler bislang nicht geschafft, mit ihrer Behandlungsform staatlich anerkannt zu werden und in den Leistungskatalog der gesetzlichen Krankenkassen aufgenommen zu werden, sieht man von einigen Gesprächspsychotherapeuten ab, die schon lange mit den Krankenversicherungen abrech-

nen und so weitermachen durften, da sonst die therapeutische Versorgung einer Region gefährdet gewesen
wäre.

Es gibt allerdings einige wissenschaftliche Hinweise darauf, dass sich die Gesprächspsychotherapie nach Rogers,
einen fähigen und empathischen Therapeuten voraus-
gesetzt, positiv auf die Behandlung der meisten Anpas-
sungsstörungen – hier sind Ängste oder Depressionen
nach einem Trauma gemeint – und auf leichtere Neurosen auswirkt. Bei besonders schweren Problemen, etwa
Persönlichkeitsstörungen oder Psychosen, kann es jedoch sein, dass ein Gesprächstherapeut zu wenig Strukturen zur Verfügung stellt, um seinem Klienten effektiv
helfen zu können.

Rogers' Vorstellung, dass im Mittelpunkt einer Psychotherapie der Patient stehen müsse, dass Gefühle wichtiger seien als abstrakte Erkenntnisse, die Gegenwart be-
deutender als die Vergangenheit und das Wachstum des
ganzen Menschen entscheidender als die Behandlung
isolierter Probleme, hat sich zweifellos nicht nur im therapeutischen Bereich ausgewirkt, über die Gesprächspsychotherapie hinaus, sondern auch auf das Bild, das
wir uns von uns selbst machen.

Nicht zuletzt war Carl Rogers ein Pionier auf dem Gebiet der Therapiekontrollforschung. Er publizierte als
erster Therapeut vollständige Tonbandprotokolle seiner
Sitzungen, nachdem er sich zuvor durch seine Klienten
von der Schweigepflicht hatte entbinden lassen. Damit
leistete er einiges, was zu einer Entmystifizierung psy-
chotherapeutischer Behandlungen beitrug. Die Erkenntnis, dass sich Seelenheilkunde lehren, lernen und wis-

senschaftlich überprüfen lässt, ist vielleicht Rogers wichtigster Beitrag zur Entwicklung der Psychotherapie.

Jakob L. Moreno
In verschiedene Rollen schlüpfen
(Psychodrama)

Sein Leben

Jakob L. Moreno, der Gründer des Psychodramas, wurde 1892 als Jakob Moreno Levy in Bukarest geboren. Als der Junge vier war, zog seine jüdische Familie nach Wien, da sie in der rumänischen Heimat unter Armut und antisemitischen Pogromen gelitten hatte.

Nach dem Besuch einer jüdischen Schule studierte Moreno in der Hauptstadt der k.u.k. Monarchie Medizin, Psychologie und Philosophie. Er verkehrte in Wiener Dichter- und Schauspielerkreisen, schrieb selbst Gedichte und kleine Theaterstücke. Moreno lernte Alfred Adler kennen, beide schätzten sich und arbeiteten eine Zeit lang zusammen.

Da er sich für die unterschiedlichsten Menschen interessierte, beschäftigte sich der spätere Psychodrama-Gründer mit der Lebenswirklichkeit gesellschaftlicher Randgruppen. Die eigenen Fluchterfahrungen sensibilisierten Moreno hierbei für die Sorgen und Nöte anderer Leute und motivierten ihn, Wege zu suchen, um sie dabei zu unterstützen, ein befriedigenderes, glücklicheres Leben zu führen. Außerdem spielte Moreno mit Kindergruppen in einem öffentlichen Park Märchen nach, da er Theaterspielen liebte und von der Spontaneität und Kreativität von Kindern begeistert war. Moreno leitete in dieser Zeit zudem Diskussionsgruppen mit Prostituierten.

Nach seiner Promotion 1916, im Ersten Weltkrieg, war er in einem Flüchtlingslager ärztlich tätig. Ab 1918 gab er die Intellektuellenzeitschrift »Daimon« mit heraus, wo unter anderem der Philosoph Ernst Bloch Aufsätze veröffentlichte. 1918 bis 1925 arbeitete Jakob Moreno als Arzt in der österreichischen Kleinstadt Bad Vöslau, wo er ein gruppenpsychotherapeutisches Theaterkonzept entwickelte. Doch offenbar war die Zeit noch nicht reif für einen solchen unorthodoxen Behandlungsansatz. 1922 gründete Moreno das Wiener Stegreiftheater, das, als Überbleibsel einer Bewegung der 1920er-Jahre, bis heute unter diesem Namen existiert. 1925 emigrierte er in die USA, wo er sich Jack Moreno nannte.

Es heißt, er habe damals behauptet, dass er sich in Amerika von der Produktion eines selbst entwickelten elektromagnetischen Aufzeichnungsverfahrens Erfolg verspreche. Der eigentliche Sinn der Übersiedlung schien jedoch der Wunsch gewesen zu sein, aus der Beziehung mit der damaligen Verlobten fliehen zu können.

In den Vereinigten Staaten lernte Moreno seine spätere Ehefrau Zerka Toeman kennen, mit der er auch beruflich zusammenarbeitete. Beide setzten sich für die Entwicklung verschiedener gruppentherapeutischer Verfahren ein, was unter anderem eine frühe Form der Familientherapie mit sich brachte.

1936 eröffnete Jakob L. Moreno das erste Psychodrama-Theater nahe New York, 1942 ergänzt durch ein Psychodrama-Ausbildungsinstitut in der amerikanischen Metropole. Er gründete außerdem eine kleine psychiatrische Klinik in der Gegend von New York, wo er systematisch das Theaterspielen als eine von mehreren psychotherapeutischen Methoden einsetzte.

Ab 1950 stellte Moreno zusammen mit seiner Gattin die neue gruppentherapeutische Technik in Lateinamerika, Europa und dem damaligen Ostblock vor. Regelmäßige Gruppenpsychotherapie-Kongresse folgten.

1974 starb Moreno mit 82 Jahren in Beacon bei New York. Er wünschte sich einmal, der Nachwelt in Erinnerung zu bleiben als derjenige, der »das Lachen in die Psychiatrie eingeführt hat«.

Menschenbild, wichtige Ideen und ihre Auswirkungen

So wie es der Name nahe legt, geht es beim Psychodrama um die szenische Darstellung und Auflösung seelischer Konflikte in der Gruppe. Moreno betrachtet jeden Menschen als Darsteller verschiedener Rollen in der Kommunikation mit seiner Umwelt. Im Psychodrama sieht er, über die Therapie hinausgehend, ein »allgemein anwendbares Verfahren zur Lösung zwischenmenschlicher Spannungen und sozialer Konflikte«.

Der Therapeut leitet hier eine Gruppe von sechs bis neun Leuten, die, wie Jakob Moreno schreibt, möglichst unterschiedlich sein sollten, was Alter, Beruf oder Geschlecht betrifft. Auf diese Weise ließen sich eine Vielzahl von Rollen spielen und die Kreativität des jeweiligen Hauptdarstellers optimal nutzen. Beim Psychodrama wird nicht selten vereinbart, über das Geschehen in der Gruppe Stillschweigen gegenüber der Außenwelt zu wahren. Die erste Sitzung beginnt mit einer kurzen Beschreibung der Methode durch den therapeutischen Leiter. Neben ihm gehören zum Geschehen eine Bühne, der so genannte Protagonist und ein paar Mitspieler.

Als *Bühne* lässt sich ein leicht erhöhtes Podest verwenden, oder auch ein Teil des Raumes, der offen bleibt, während die Gruppe in U-Form auf ihn blickt.

Der *Protagonist* ist der Hauptdarsteller. Er sucht sich zunächst so etwas wie einen bestimmten Konflikt, eine Angst oder einen Wunsch aus, überlegt, unterstützt durch die Gruppe, wie sich das Thema am besten umsetzen lässt, und nennt einige Mitspieler, die es zusammen mit ihm selbst szenisch vermitteln sollen. Die übrigen Gruppenmitglieder sehen zu und melden nach dem Spiel zurück, was sie wahrgenommen oder assoziiert haben, mit dem Ziel, den Protagonisten sinnvoll bei der Verarbeitung seines Problems zu unterstützen. Das Feedback der Mitspieler, bezogen auf deren Gefühle, Gedanken und Phantasien während der »Aufführung«, ist hier besonders wichtig.

Ein Psychodrama-Termin dauert bei Moreno etwa anderthalb bis zwei Stunden. Er unterteilt sich in eine

Aufwärmphase, eine Spiel- oder Aktionsphase und ein abschließendes Gespräch.

Beim Aufwärmen knüpft der therapeutische Leiter oft an die Inhalte der letzten Sitzung an, in der Abschlussphase nach dem Spiel geht es normalerweise darum, das gerade Erlebte ausklingen zu lassen, zurückzumelden, wie einem die Sitzung gefallen hat und was man davon mitnehmen kann.

Wenn zwischen Mitspielern oder im Verhältnis zum Therapeuten emotionale Probleme deutlich werden, sollten diese Störungen, wenn es geht, sofort bearbeitet werden, initiiert vom Psychodrama-Leiter. Falls jemand so wirkt, als würde er gerne selbst etwas spielen, sich aber offenbar nicht traut, kann der Therapeut nachfragen und die Spielbereitschaft behutsam fördern, ohne Druck auszuüben.

Unabdingbar ist ein ausgeprägtes Einfühlungsvermögen des Leiters, der dazu in der Lage sein sollte, allen Mitspielern die Empfindung zu vermitteln, gut in der Gruppe aufgehoben zu sein. (Bei Menschen mit massiven psychischen Problemen wie einer Borderline-Persönlichkeitsstörung gilt so etwas allerdings nur begrenzt, da es manche seelische Schwierigkeiten nicht erlauben, sich geborgen zu fühlen.)

Während des Psychodrama-Rollenspiels lassen sich verschiedene Methoden einsetzen, die zur Situation und zum Protagonisten passen müssen. Da gibt es zum Beispiel den *Rollentausch*, bei dem der Protagonist vom Therapeuten darum gebeten wird, in die Rolle seines Gegenübers, das die Person spielt, mit der er im Konflikt ist, zu schlüpfen, um sich auf direktem Wege in dessen Lage zu versetzen.

Beim *Doppelgänger* stellt sich der Leiter hinter den Protagonisten, ahmt dessen Haltung, Gestik und Mimik nach, und sagt schließlich, was er in dieser Situation empfindet oder assoziiert. (Hier geht es nicht um ein Nachäffen, sondern darum, sich in den Protagonisten einzufühlen und ihm Empfindungen oder Einsichten deutlich zu machen, die er selbst vielleicht noch nicht in Worte fassen kann.)

Beim *Spiegeln* stellt ein *Gruppenmitglied* den Protagonisten ebenso spiegelbildlich dar, also was Haltung, Gesten, Mimik oder Tonfall betrifft. Moreno vermutet, dass solche Techniken eine emotional befreiende Wirkung haben können.

Direkt nach dem psychodramatischen Rollenspiel wird die Aufarbeitung im Gefühls- und Gedankenbereich fortgesetzt. Die Mitspieler und die Beobachter versetzen sich im Idealfall in die Welt des Protagonisten hinein, zeigen Verständnis für dessen Konfliktlösungsversuche und unterstützen ihn dabei, neue, effektivere oder angemessenere Wege zu beschreiten.

Nicht wenige Fachleute sagen, dass sich 60 bis 70 Prozent dessen, was Menschen miteinander austauschen, auf der nonverbalen, körperlichen Ebene abspielt. Diese Erlebnis- und Erkenntnisebene erschließt sich unter anderem über das Psychodrama.

Viele Gruppentherapieverfahren haben sich durch Jakob L. Morenos Ideen inspirieren lassen. Dazu gehören die so genannten Familienaufstellungen ebenso wie moderne Selbstsicherheitstrainings oder Phantasie-Rollenspielgruppen. In Deutschland gibt es neben ambulanten Praxen, die – im Regelfall selbst zu bezahlende –

Psychodramagruppen anbieten, auch einige Krankenhausstationen, die hauptsächlich nach Morenos Prinzipien arbeiten und auch bei schwer gestörten Patienten in geschlossenen Gruppen gute Ergebnisse erzielen.

Fritz Perls
Freundliche Provokationen
und andere Experimente
(Gestalttherapie)

Sein Leben

Frederick Salomon Perls, genannt Fritz, der Vater der Gestalttherapie, wurde 1893 in Berlin in einem gutbürgerlichen jüdischen Haushalt geboren. Sein Elternhaus war nach außen hin scheinbar in Ordnung, er selbst schrieb jedoch als Erwachsener darüber, die Eltern »hassten sich, in der Öffentlichkeit sind beide freundlich. Verwirrend«.

In der Volksschule war Fritz stets Klassenbester, ohne jemals Hausaufgaben zu machen. Das Gymnasium mochte er wegen der »grausamen Lehrer« nicht. Es war eine Lebensphase, in der der junge Perls nicht recht wusste, was er wollte. 1913 schrieb er sich zum Medizinstudium an der Berliner Universität ein, da ihn Freud interessierte, mehr zumindest als die herkömmliche Schulmedizin.

1914 bis 1918, den gesamten Ersten Weltkrieg über, diente er als Soldat, eine Erfahrung, die ihn traumatisierte und als Mensch veränderte, wie es bei vielen seiner Generation der Fall war. Danach engagierte er sich für eine linke, pazifistische Politik.

1921 promovierte er als Arzt. Er fühlte sich ruhelos und wollte zunächst keine Praxis gründen. Als Negativbeispiel sah er seinen Onkel, der Mediziner war und immer wieder über die Idee spottete, eine Krankheit durch Gespräche zu heilen.

Ab 1922 sah sich Fritz Perls als »Bohemien abseits des Wegs«. Er tat sich mit Schauspielern, Malern und Schriftstellern zusammen, entdeckte den Dadaismus und die künstlerisch-architektonische Bauhaus-Bewegung. Ein bisschen wirkte er in dieser Zeit wie einer der Beatniks oder Hippies späterer Jahrzehnte, was zum Beispiel auch für seine experimentellen Drogenerfahrungen galt.

1925 bis 1932 absolvierte Perls eine Lehranalyse bei mehreren Psychoanalytikern in Berlin, Frankfurt und Wien, außerdem ließ er sich selbst zum Supervisor und Lehranalytiker ausbilden. Er lernte Wilhelm Reich kennen, »damals noch gesund«, wie Perls schrieb, und wurde von dem politisch radikalen, abtrünnigen Freud-Schüler beeinflusst.

1930 heiratete Fritz Perls Laura, die als Bewegungstherapeutin arbeitete. Mit ihr erzog er zwei Kinder. 1934 folgte die Flucht aus dem nationalsozialistischen Berlin nach Südafrika, wo Perls Freuds Lehren verbreiten wollte. Damals war er noch ein recht orthodoxer Psychoanalytiker. Aber als er erlebte, dass seine Ideen von Kollegen nur deshalb niedergemacht wurden, weil sie nicht zu hundert

Prozent zu Freuds Erkenntnissen passten, änderte sich allmählich Perls Zugang zur Tiefenpsychologie und zum Menschen.

Er entwickelte in Südafrika einen ganzheitlichen Theorieansatz, in dem unter anderem Aggressionen, die nicht in körperliche Gewalt münden, grundsätzlich positiv bewertet wurden, und das »Wie« einer seelischen Störung wichtiger war als das »Warum« der Psychoanalytiker.

Bis 1941 schrieb Fritz Perls an seinem ersten Buch »Das Ich, der Hunger und die Aggression«. 1942 stellte er diese Arbeit einer Freundin des bereits verstorbenen Sigmund Freud vor. Ihr Kommentar, nachdem sie das Werk überflogen hatte, war: »Wenn Sie nicht mehr an die Libidotheorie glauben, reichen Sie als Analytiker besser die Kündigung ein.« Perls sah dies als seinen endgültigen Bruch mit der tiefenpsychologischen Lehre.

Er trat schließlich in Südafrika an der Seite der alliierten Truppen in den Zweiten Weltkrieg ein, wo er als Armeepsychiater arbeitete und versuchte, soweit wie unter diesen Umständen möglich, psychotherapeutisch tätig zu sein. 1946 wanderte Fritz Perls in die USA aus und entwickelte die Gestalttherapie weiter, die in diesem Jahr auch ihren Namen erhielt. Endlich verkauften sich auch seine Bücher deutlich besser, was zur Verbreitung der neuen Lehre in den Vereinigten Staaten beitrug. Perls beschäftigte sich mit existenzialistischen Konzepten und studierte in Japan den Zen-Buddhismus, aber beides enttäuschte ihn eher.

Ab 1964 arbeitete er am kalifornischen Esalen-Institut mit Gruppen nach gestalttherapeutischen Konzepten. Sein »Praxiszentrum für humanistische Psychologie«, das ebenfalls dort angesiedelt ist, sollte einem dritten Weg, abseits von Psychoanalyse oder Verhaltenstherapie, folgen.

1970 starb Fritz Perls mit Mitte siebzig. Bis zuletzt war er als Therapeut und Forscher aktiv.

Menschenbild, wichtige Ideen und ihre Auswirkungen

Nach Perls entsteht gestörtes Verhalten aus einer Unterdrückung und Verleugnung der natürlichen Bedürfnisse eines Lebewesens, wobei die sich normalerweise selbst regulierenden physiologischen und psychischen Vorgänge unterbrochen werden. Mit der Hilfe bestimmter Techniken, durch die sich das gegenwärtige Erleben verstärkt, versucht der Therapeut, die Wahrnehmung der augenblicklichen Empfindungen zu fördern und eine gesunde Selbstregulierung wiederherzustellen. Diesen Vorgang bezeichnete Perls als »Selbstverwirklichung«. Von einer wahrnehmungsorientierten naturwissenschaftlichen Schule der 1920er-Jahre in Deutschland, der sogenannten Gestaltpsychologie, übernahm er den Namen. Außerdem übertrug Fritz Perls einige Vorstellungen aus dieser Gestaltpsychologie auf seine neue Theorie, etwa die Idee, jedes einzelne menschliche Bedürfnis hebe sich als »Figur«, also gleichsam als Vordergrund vor dem Hintergrund anderer Wahrnehmungen, Erinnerungen oder Assoziationen ab. Solange ein Bedürfnis nicht befriedigt ist, gilt es als *offene Gestalt*, die danach trachtet, sich nach ihrer Verwirklichung zu schließen. Erst dann kann die Gestalt verschwinden, das entsprechende »Geschäft« ist abgeschlossen, und die Figur kann einer anderen Platz machen.

Auch wenn es sicher nicht gut wäre, wenn jeder Mensch alle Bedürfnisse verwirklichen könnte, zumindest symbolisch sollten diese Wünsche in der Therapie durchaus eine Rolle spielen. Gestalttherapie kann hierbei alles Mögliche sein. Zum Beispiel saß einmal eine junge Frau vor Perls, die ihm etwas erzählte, das ihr wichtig war. Währenddessen wippte sie fortwährend mit dem Fuß. Perls ging nicht auf die Worte der Klientin ein, sondern bat sie, das Wippen noch zu verstärken, sich in den Fuß hineinzuversetzen und schließlich mit dessen »Stimme« zu sprechen.

Ein anderer Gestalttherapeut hält vielleicht sein Gegenüber einmal an, etwas aus der Natur mitzubringen, das ihm symbolisch entspricht. Oder jedes Gruppenmitglied soll mit dem ganzen Körper darstellen, wie nah oder fern es sich den anderen Patienten fühlt. Ein gemeinsames Merkmal, neben einem gewissen Überraschungsmoment, ist hier der Umstand, dass Worte nicht alles sind und dass neue, ins Positive gehende Erfahrungen nicht selten hauptsächlich über die Körpersprache gemacht werden.

Ende der 1960er, Anfang der 1970er-Jahre setzte sich die Gestalttherapie in den USA als eines von mehreren wichtigen Verfahren durch. Vor allem die Studentenbewegung und die parallel entstandene Hippie-Szene fanden Perls' »ganzheitliche«, körper- und emotionsorientierte Vorgehensweise interessant. Seine Ehefrau Laura entwickelte in dieser Zeit die so genannte Ostküsten-

Gestalttherapie, die tiefenpsychologischer orientiert war als Fritz Perls' Ansatz, die Westküsten-Gestalttherapie. Deren Grundlage bildet die Gefühlserfahrung, sie kann bis hin zu geschlossenen Marathonsitzungen gehen, die manchmal tagelang dauern.

Marathontherapien haben sich nicht durchgesetzt. Doch Gestalttherapie gibt es heute in Form von Einzel- und Gruppenangeboten. Nonverbale Kommunikation, Experiment (und gelegentlich auch freundliche Provokationen) spielen immer noch eine wichtige Rolle, und ein bleibendes Verdienst von Fritz Perls ist es, diese Ebene therapeutisch erschlossen zu haben.

Die meisten anderen Therapieformen beschränken sich auf die sprachliche Kommunikation, und der Behandelnde registriert es höchstens, dass sein Patient woanders hinschaut, intensiv blinzelt oder immer wieder die Beinstellung wechselt. Im Gegensatz hierzu machen die meisten Gestalttherapeuten solche Beobachtungen zum Thema, und auch die positive Weiterentwicklung eines Klienten findet nicht selten nonverbal statt, direkt auf der Ebene des Gefühls.

In dieser direkten emotionalen Wirkung der Therapie liegt freilich auch eine mögliche Gefahr. Gerade seelisch labilen Patienten können verschiedene Gefahren drohen, wenn sie überfordernden Gefühlserfahrungen ausgesetzt sind. Zu diesen bedrohlichen Situationen kann eine massive persönliche Ablehnung in einer Gruppentherapie ebenso gehören wie eine stundenlange »Marathon-Behandlung« oder eine heftige Provokation von Seiten des Therapeuten. Es gibt sensible Menschen, die auf ein solches Problem mit einer Depression reagieren, und andere, die heftige körperliche Beschwerden erleben. Manche werden sogar suizidal oder psychotisch, wenn ihnen niemand hilft.

Ein erfahrener und einfühlsamer Psychotherapeut, der weiß, wie er mit solchen Gefahren umgehen kann, ist hier besonders wichtig. Auch dessen Fähigkeiten, seine Grenzen zu kennen und in erster Linie für die Klienten, nicht für die Erfüllung eigener Ego-Bedürfnisse zu arbeiten, spielen eine Rolle. Gerade bei der Gestalttherapie, die den Selbstdarstellungstendenzen einzelner Psychotherapeuten viel Platz einräumt, scheint es besonders wichtig zu sein, dass der Behandelnde emotional erwachsen ist und dass er mit Schwierigkeiten im therapeutischen Prozess angemessen zurechtkommt.

Milton Erickson
Das Unbewusste ansprechen
(Hypnotherapie)

Sein Leben

Milton H. Erickson war ein amerikanischer Psychiater und Psychotherapeut, der die Hypnose für die Seelenheilkunde erschloss, nachdem sie, nicht zuletzt durch Freuds Ablehnung, lange Zeit in den Hintergrund gerückt war.

Erickson wurde 1901 als zweites von neun Kindern in Nevada geboren. Nach einem Familienumzug wuchs er auf der Farm seiner Eltern in Wisconsin auf. Kurz nach Abschluss der High School erkrankte Erickson 1918 an Kinderlähmung. Fast wäre er an der besonders schweren Form der Krankheit gestorben. Dass er in den folgenden Jahren praktisch keine Körperkontrolle hatte und sich deshalb der Beherrschung seines Bewusstseins widmen konnte, nannte Milton Erickson später den Beginn seines lebenslangen Interesses an Trancezuständen.

Er übte sich damals zum ersten Mal darin, mit seinem Geist aus der realen Situation in einen meditativen Zustand überzugehen. Außerdem lernte es Erickson trotz einer schlechten medizinischen Prognose, sich durch kaum merkbares, leichtes Schaukeln zu bewegen und so innerhalb einiger Jahre die Kontrolle über seinen Körper zurückzugewinnen. Eine andere Folge der Erkrankung ließ sich nicht beheben, seine lebenslange Schwerhörigkeit.

Milton Erickson studierte Medizin und Psychologie, ein Facharzttitel in Psychiatrie folgte. Er wurde Psychiatrie-Chefarzt am Worchester State Hospital in Massachusetts, bis ihn eine Allergie 1948 zum Umzug in das Wüstenklima von Phoenix, Arizona, zwang. Dort gründete Erickson eine eigene Praxis in seinem Privathaus.

Es waren ebenfalls medizinische Gründe, die ihn 1953 zu einem erneuten Umzug veranlassten, dieses Mal in den Neuenglandstaat Maryland. Dort erkrankte er erneut an Kinderlähmung, jetzt mit verstärktem Muskelabbau und häufigen Muskel- oder Gelenkschmerzen.

Doch das hielt ihn nicht davon ab, mit seiner Ehefrau Elisabeth acht Kinder zu erziehen und ein nicht unerhebliches Arbeitspensum zu bewältigen.

1957 gründete Milton Erickson die Amerikanische Gesellschaft für Klinische Hypnose und übernahm deren Vorsitz. Er hielt unter anderem Kontakt zu dem Schriftsteller Aldous Huxley, der den berühmten antiutopischen Roman »Schöne Neue Welt« verfasst hatte, und diskutierte mit ihm »Grenzbereiche der Psychologie«, wie Erickson berichtete.

Er erwarb sich den Ruf eines ungeheuren Talents der Hypnose, das in zwei Drittel der Fälle nicht einmal eine Hypnoseeinleitung à la »Sie werden jetzt ganz müde« benötigte, um einen Großteil seiner Klienten in tiefe Trance versetzen zu können. (Übrigens ist es unmöglich, jemanden in Hypnose zu etwas zu bringen, was er nicht tun möchte, auch wenn das gelegentlich in Literatur und Film vorkommt.)

Seit 1976 saß Erickson im Rollstuhl, eine Spätfolge der Kinderlähmung. Bis zu seinem Tod im Jahr 1980 gelang es ihm, die Hypnose in einer seriösen Form wieder zu einem normalen Bestandteil der Psychotherapie zu machen, nachdem sie in der Fachwelt jahrzehntelang abschätzig behandelt worden war.

Menschenbild, wichtige Ideen und ihre Auswirkungen

Hypnose bedeutet auf der einen Seite die Einleitung eines Trancezustandes, wie er auch bei Meditation und anderen Erlebnissen auftritt, die eine gelassene, positiv empfundene Konzentration auf sich selbst oder auf eine bestimmte Sinneswahrnehmung mit sich bringen. Auf der anderen Seite lässt sich, wenn man Erickson glaubt, in einem solchen Trancezustand das Unbewusste des Gegenübers direkt ansprechen, ohne Umweg über das Bewusstsein und daher ohne Widerstände.

Für Milton Erickson ist das Unbewusste, anders als etwa bei Freud, eine grundpositive, unerschöpfliche Ressource zur kreativen Selbstheilung. Das Unbewusste gilt hier als Hort der lebenslangen Erfahrungen eines Menschen, der allerdings häufig kaum genutzt wird. Bei Ericksons Hypnotherapie geht es darum, für jeden einzelnen Klienten intuitiv den passenden Behandlungsansatz zu finden.

Das Verfahren hat zum Ziel, die durch starre Denkmuster begrenzten Fähigkeiten des Bewusstseins zu erweitern, indem der Hypnotherapeut dem Unbewussten durch verschiedene verbale und nonverbale Techniken erlaubt, auf eine freiere Weise zu funktionieren. Unbewusste Selbstheilungskräfte sollen ebenso aktiviert werden wie die kreativen Potenziale des Patienten. Damit sind Ericksons Vorstellungen deutlich näher an den »Individuations«-Ideen C. G. Jungs als an den Theorien Sigmund Freuds.

Milton Ericksons Metaphern, Parabeln, Märchen oder Anekdoten, die er, scheinbar ohne Ziel, seinen Klienten erzählte, nicht selten, um sie durch Verwirrung in Trance zu versetzen und gleichzeitig ihre unbewusste Ebene zu aktivieren, wurden legendär. Manchmal verband er dieses Vorhaben mit einer Aufgabe, die er dem Patienten mitgab.

Zum Beispiel bat Erickson einmal eine Lehrerin, die verzweifelt war, weil sie ihr Leben als total festgefahren empfand, darum, jeden Tag auf einem anderen Weg zur Arbeit zu fahren. Gleichzeitig mit dieser »Hausaufgabe« wurden die inneren Möglichkeiten der Klientin angesprochen, sich zu verändern und diese Veränderungen als positiv zu erleben.

Wenn es gerade in den therapeutischen Prozess passte, veranlasste Milton Erickson Patienten dazu, den (klettertechnisch anspruchslosen) Squaw Peak zu besteigen, einen Berg nahe Phoenix, Arizona, wo er seine Praxis hatte. Dort sollten sie »neue Erfahrungen sammeln« oder »starre Muster durchbrechen«. Obwohl dieses Ziel sehr allgemein formuliert war, ermöglichte es dem Unbewussten des Klienten, individuelle positive Veränderungen einzuleiten.

Wie bei allen Behandlungsverfahren, bei denen der Therapeut seinem Klienten aktiv einen Weg weist, besteht bei der Hypnotherapie die Gefahr, dass sie durch Anwender mit Ego-Problemen missbraucht wird, die im Extremfall nur noch die eigenen Wünsche, etwa nach Bewunderung, und nicht mehr die Bedürfnisse ihrer Patienten im Blickfeld haben.

Außerdem kann es bei dieser Therapierichtung, wie zum Beispiel auch bei der Verhaltenstherapie, zu Problemen kommen, wenn ein Arzt oder Psychologe stark technikorientiert vorgeht und damit dem einzelnen Menschen, der ihm gegenübersitzt, nicht mehr gerecht wird.

Wer von sich behauptet, über eine Art Patentrezept für die Behandlung seelischer Störungen zu verfügen, weckt wiederum illusionäre Erwartungen beim Klienten, der möglicherweise fordert, seine Probleme sollten ihm doch einfach weggezaubert werden. Auch in diesem Bereich sind einige Hypnotherapeuten gefährdet, die entsprechenden Hoffnungen prompt erfüllen zu wollen.

Positiv bei Ericksons Ansatz ist sicherlich der Umstand, dass sehr viel mehr auf die Ressourcen des Patienten als auf dessen Defizite, auf das Pathologische geachtet wird. Auch die Idee des Amerikaners, direkt mit dem Unbewussten zu kommunizieren und seelische Widerstände zu umgehen, hat durchaus etwas Faszinierendes. Und in vielen Fällen wirken sich regelmäßige Trance- und Entspannungszustände positiv auf die Fähigkeit der Menschen aus, ohne Störungen zu schlafen, Stressgefühle im Alltag schnell abzubauen oder sie gar nicht erst entstehen zu lassen.

Wilhelm Reich
Heilung über die physiologische Ebene
(Körpertherapie)

Sein Leben

Obwohl Wilhelm Reich zu den »abtrünnigen Schülern« Sigmund Freuds gehört, stelle ich ihn im Kapitel über die Anhänger eines »Dritten Weges« jenseits von Psychoanalyse und Verhaltenstherapie vor, denn Reichs Lehre wurde vor allem von eher wenig tiefenpsychologisch orientierten Körperpsychotherapeuten wie Alexander Lowen weiterentwickelt.

Wilhelm Reich wurde 1897 in der heutigen Ukraine als Kind eines großbürgerlich-jüdischen Elternhauses geboren. 1909 traumatisierte der Selbstmord seiner Mutter die Familie. Neben dem Besuch des Gymnasiums in Czernowitz, wo Reich 1915 das Abitur ablegte, wurde er auch von Hauslehrern unterrichtet. Während des Ersten Weltkriegs zog man ihn zum Militär ein; der Dienst endete mit einer Krankenhausbehandlung.

1918 siedelte Wilhelm Reich zusammen mit seinem jüngeren Bruder nach Wien über, wo er ein Medizinstudium aufnahm. Ein kürzlich eingerichtetes »Wiener Seminar für Sexologie« faszinierte ihn besonders, er hielt dort erste Vorträge. 1920, noch als Student, nahm man Reich in Freuds Wiener Psychoanalytische Vereinigung auf. 1922 promovierte der junge Arzt, im selben Jahr heiratete er die Medizinstudentin und spätere Psychoanalytikerin Annie Pink, von der er sich 1933 trennte.

Seit 1922 arbeitete Wilhelm Reich an einer psychiatrischen Klinik in der österreichischen Hauptstadt, wo er auch seine Lehranalyse begann. Später war er als Sekundararzt (Oberarzt) an der neu gegründeten Ambulanz der Wiener Psychoanalytischen Vereinigung tätig, dem so genannten Ambulatorium. 1927, nach einer Tuberkulose-Infektion, musste er zur Kur ins schweizerische Davos. Im selben Jahr stellte er in seinem Buch »Die Funktion des Orgasmus« und im Rahmen eines Vortrags über den »Charakterpanzer« als Feind von Genuss und Sinnlichkeit wichtige Teile seines künftigen Weltbilds vor.

1928 wurde Reich stellvertretender Leiter des psychoanalytischen Ausbildungsinstituts. Er gründete die »Sozialistische Gesellschaft für Sexualberatung und Sexualforschung« in Wien, was damals ein Skandal war. Die Gesellschaft informierte zum Beispiel kostenlos Arbeiterkinder über Empfängnisverhütung und über politische Aspekte der sexuellen Unterdrückung. (Diese Tendenz des Werks Wilhelm Reichs veranlasste die 68er vierzig Jahre später dazu, seine fast vergessenen Schriften neu aufzulegen, teilweise als Raubkopien, und ihn zum Vorbild der »sexuellen Revolution« zu erklären.)

Ende der 1920er-Jahre siedelte Reich nach Berlin über und trat dort der KPD bei. Er gründete 1930 einen Deutschen Reichsverband für proletarische Sexualpolitik (»Sexpol«) mit angeschlossenem Verlag. Er arbeitete als Lehranalytiker am Berliner Psychoanalytischen Institut und war Mitglied der Deutschen Psychoanalytischen Gesellschaft. Noch sah es so aus, als könne der Versuch einer Symbiose von Psychoanalyse, einem freien Ausleben der sexuellen Triebe und der sozialen Revolution, wie ihn Wilhelm Reich hegte, funktionieren.

Doch 1933 schloss ihn die Kommunistische Partei aus, und 1934, Reich war schon im Exil, folgte der Ausschluss aus der Internationalen Psychoanalytischen Vereinigung. Beides wohl aus ähnlichen Gründen: Wilhelm Reichs Thesen wurden immer radikaler und mit der Zeit auch ein bisschen seltsam. Kompromisse zu schließen lag ihm ohnehin eher fern. Zudem wollte er sich nicht unterordnen, sei es den Direktiven der stalinistischen

Kaderpolitik oder den Grenzen, die »Übervater« Sigmund Freud zog, was die Aufgaben der Psychoanalyse betraf. Die KPD hielt außerdem einige seiner Schriften für »pornographisch«.

Den Nazis war Reich als Jude, als links außen engagierter Mensch und als Analytiker gleich dreifach verhasst. Nach Hitlers Machtübernahme floh Wilhelm Reich deshalb zunächst nach Kopenhagen, wo er Arbeit als Lehranalytiker fand. Später folgte Schweden und schließlich Norwegen. Im skandinavischen Exil veröffentlichte er 1934 mit »Massenpsychologie des Faschismus« ein Buch, das sich höchst kritisch mit den einschlägigen Manipulations- und Machtmechanismen auseinander setzte.

1936 gründete Reich in Oslo ein Institut für Sexualökonomische Lebensforschung, bis 1939 gab er unter einem Pseudonym eine »Zeitschrift für politische Psychologie und Sexualökonomie« heraus. In dieser Zeit beschäftigte er sich bereits intensiv mit einer »kosmischen Energie«, die angeblich alles, was lebt, durchströmt und blau funkelt, eine Kraft, die Reich »Orgon« nannte, die aber bedauerlicherweise außer ihm und ein paar Anhängern niemand so recht sehen mochte.

Dessen ungeachtet bekam er im selben Jahr, 1939, nach einer erneuten Umsiedlung, dieses Mal nach New York, einen Lehrauftrag an der New School for Social Research, einem sozialwissenschaftlichen Institut. Er heiratete zum zweiten Mal.

1940 baute Reich den ersten »Orgon-Akkumulator«, ein Gerät zur »Speicherung und therapeutischen Abgabe« der Orgon-Lebensenergie, das Kritiker für puren Humbug hielten. Er unterhielt ein Labor, ein Observatorium und einen recht sektiererisch orientierten Buchverlag in Maine.

In den letzten Jahren wurde das Geschehen um Wilhelm Reich vollends merkwürdig: Er sprach von eigenen Experimenten, die Regen machen könnten, von anderen, die versehentlich große Mengen Radioaktivität freigesetzt hätten, und schließlich sogar von Außerirdischen, gegen die er dringend tätig werden musste – Reich hatte anscheinend den Verstand verloren und war psychotisch geworden.

1954 wurde er in den USA berufsrechtlich angeklagt, weil er trotz eines gerichtlichen Verbots weiter seine Orgon-Akkumulatoren verkauft hatte. Eine Verurteilung zu zwei Jahren Gefängnis folgte. Dort starb Wilhelm Reich 1957, mit 60 Jahren.

Menschenbild, wichtige Ideen und ihre Auswirkungen

Eine frühere Idee Reichs wurde viele Jahre später vor allem von den Körpertherapeuten aufgegriffen, die über Yoga, Entspannungsübungen und andere nonverbale Methoden ihren Klienten bei der Überwindung seelischer Probleme helfen wollten: die Lehre vom Charakterpanzer.

Wilhelm Reich beobachtete in den 1920er-Jahren bei vielen Patienten etwas, das er als Schutzpanzer der Persönlichkeit empfand. Dieser Charakterpanzer, in dem sich die »erstarrte Lebensenergie« des modernen Menschen manifestiere, absorbiere die psychische Kraft, die

Reich, damals noch mit Freud, als »Libido« bezeichnete, ohne ihr so etwas wie eine stoffliche Gestalt zu geben. (Später nannte er die Lebensenergie, wie oben kurz dargestellt, »Orgon«, und ging zudem davon aus, dass sich jene Kraft physikalisch nachweisen ließe.)

Der Charakterpanzer also blockiert in dieser Theorie die seelische Energie, und das führt schließlich zu chronischen Spannungszuständen der Körpermuskulatur, unter denen wir dann verstärkt leiden.

Was den möglichen Aufbau dieses Panzers betrifft, vermutet Wilhelm Reich drei unterschiedlich tief gehende Schichten. Zunächst, an der Oberfläche, die zur Schau gestellte »soziale Maske«, also die körperliche Ebene, auf der Menschen miteinander kommunizieren, ohne hierbei wirklich authentisch zu sein. Dann, gebremst durch diese Oberfläche, eine Schicht der Impulse und Gefühle, die nach Reichs Lehre explosionsartig durchbrechen können. Und schließlich der Kernbereich der Persönlichkeit, das »primäre« oder lebensbejahende Gebiet.

Um die Panzerung aufzubrechen, schreibt Wilhelm Reich, müssten neben psychoanalytischen Methoden auch körpertherapeutische wie Massage oder Handauflegen angewendet werden. So könne sich der Mensch mehr und mehr der eigenen Fesseln entledigen und die »erstarrte Lebensenergie«, die bislang blockiert erschien, frei fließen lassen.

Dem gleichen Ziel dienten auch die Sexualberatungsstellen, die Reich gründete. Er ging davon aus, dass eine zunehmende sexuelle Befreiung der Menschen zusammen mit der sozialistischen Revolution zur kollektiven

Freiheit führen müsse. Im Gegensatz zu den Wortführern der 68er, denen diese Thesen unmittelbar einleuchteten, interpretieren heute nur noch wenige Leute die Welt in einer solchen Weise, die vielen übermäßig vereinfacht oder sogar gefährlich erscheint. Das gilt erst recht für Reichs »Orgon«-Lehre, die derzeit nur noch von einigen teilweise fast sektenartig organisierten Reichianer-Gruppen für überzeugend gehalten wird. Andererseits hat Wilhelm Reich als einer der Ersten darauf hingewiesen, dass sich körperorientierte Therapieformen segensreich auf die Behandlung seelischer Störungen auswirken können, wenn sie in verantwortungsvollen Händen liegen. Wie Reich selbst beschränken sich moderne Körpertherapeuten in den meisten Fällen nicht auf physiologische Herangehensweisen. Während Diagnose und Behandlung wird also auch im körperpsychotherapeutischen Bereich durchaus gesprochen, allerdings nicht bei jeder Intervention. Die meisten Körpertherapeuten der Gegenwart verzichten übrigens auf den Teil der Theorien ihres Gründervaters, der uns inzwischen ideologisch vorkommt.

Normalerweise müssen Körpertherapien, wie die meisten Behandlungsformen aus diesem Buchabschnitt, privat bezahlt werden. Da die Güte der verschiedenen Ausbildungsinstitute, die es in diesem Bereich gibt, jedoch im Normalfall nicht erforscht worden ist, empfiehlt sich hier für Interessenten besonders, was bei Psychotherapien allgemein ratsam ist: individuell festzustellen, ob einem eine bestimmte Therapeutin oder ein bestimmter Therapeut vertrauenswürdig und sympathisch erscheint, bevor man sich zur Behandlung erschließt.

Humanistische, hypnotherapeutische und körperorientierte Therapieformen gestern und heute

Aus dem Versuch, einen undogmatischen »Dritten Weg« in der Psychotherapie – neben Psychoanalyse und Verhaltenstherapie – zu finden, entstanden in den letzten Jahrzehnten einige hundert verschiedene Verfahren. Auch wenn es für den Therapieinteressierten sicher von Vorteil ist, aus einem großen Angebot wählen zu können, kann einen diese Vielfalt auch verwirren.

Anders als bei Tiefenpsychologie und Verhaltenstherapie wurden nur die wenigsten dieser neueren Behandlungsformen wissenschaftlich überprüft, was ihre Wirksamkeit angeht. Am ehesten trifft das noch auf die Gesprächspsychotherapie und auf die Gestalttherapie zu. Allerdings werden auch diese Therapien in Deutschland meistens nicht von den gesetzlichen Krankenversicherungen übernommen, ähnlich wie die anderen Verfahren, die im dritten Buchteil beschrieben worden sind. Psychoanalyse und Verhaltenstherapie, die normalerweise von den Kassen bezahlt werden, hatten, als es um die Formulierung des Psychotherapeutengesetzes von 1998 ging, nicht nur die überzeugendsten wissenschaftlichen Argumente auf ihrer Seite, sondern auch die einflussreicheren Lobbyisten.

Auch bei den mehreren hundert anderen Therapieansätzen lassen sich oft seriösere von weniger seriösen Behandlungsformen unterscheiden, auch wenn es sicher nicht möglich ist, alle Verfahren zu kennen. Viel hängt dabei von der Persönlichkeit des Therapeuten ab. Das gilt zwar immer, aber in diesem Bereich, der im Gegensatz zu Psychoanalyse und Verhaltenstherapie keine von den Kassenärztlichen Vereinigungen anerkannten Ausbildungsinstitute und Abschlüsse kennt, ist es besonders wichtig.

Seriöse Therapeuten ...

- halten ihre eigenen Bedürfnisse aus der Behandlung heraus und orientieren sich ausschließlich am Wohl ihrer Patienten
- holen die Klienten da ab, wo sie stehen, und erkunden gemeinsam mit ihnen mögliche Wege in eine bessere Zukunft, ohne ihnen Probleme oder angebliche Patentlösungen einzureden
- fördern die Wahrnehmung der Bedürfnisse und Grenzen ihrer Patienten ebenso wie deren Selbstständigkeitsbestrebungen und das emotionale Nachreifen – je nachdem, was gerade ansteht
- können sich überflüssig machen, sobald der Klient auf eigenen Beinen steht und die Hilfe nicht mehr braucht

Weniger seriöse Therapeuten ...

- orientieren sich nicht selten eher an eigenen Wünschen, bewundert zu werden, als an den Bedürfnissen ihrer Patienten
- versprechen mitunter das Blaue vom Himmel herunter, also schnelle Behandlungserfolge ohne Anstrengung oder zeitweilige unangenehme Gefühle. Solche The-

rapeuten inszenieren sich gerne als Gurus. Manchmal bieten sie bevorzugt esoterische Sitzungen (wie Rebirthing, Reiki, Urschreitherapie usw.) oder amerikanisierte, programmähnliche Behandlungen (etwa Neurolinguistisches Programmieren (NLP) oder Positives Denken) an und behaupten, jedes seelische Problem innerhalb kürzester Zeit wegtrainieren zu können – wenn sie sich überhaupt mit den realen Problemen ihrer Klienten beschäftigen

– machen ihr Gegenüber manchmal mehr oder minder bewusst von sich abhängig und verhindern somit dessen Entwicklung hin zu größerer Autonomie. Manchmal wird vor diesem Hintergrund auch das Therapieende unnötig herausgezögert

Grundsätzlich, ob bei Verhaltenstherapie, Analyse, Hypno- oder Gestalttherapie, tut jeder, der mit dem Gedanken spielt, sich psychotherapeutisch behandeln zu lassen, gut daran, wenn er auf seine Gefühle während und nach den ersten Begegnungen achtet. Falls bei einem bestimmten Therapeuten oder einer Therapeutin Zweifel oder Skepsis übrig bleiben, sollte man jemand anderen suchen.

Familientherapeutische
Ansätze und
paradoxe Methoden:

Das ganze System
steht im Mittelpunkt

Die bislang dargestellten Therapiemethoden ähneln sich, so unterschiedlich sie auch sind, darin, dass sie sich mit Individuen beschäftigen. Selbst bei den Gruppentherapien, um die es ging, sei es das Psychodrama oder ein Selbstsicherheitstraining bei einer verhaltenstherapeutischen Behandlung, wurden nur die Auswirkungen auf die einzelnen Teilnehmer theoretisch beschrieben und praktisch erforscht.

Das ändert sich bei den familientherapeutischen Verfahren. Hier ist die Gruppe, die Familie, mehr (oder zumindest etwas anderes) als die Summe ihrer Mitglieder. Die psychische Störung hat eine über das Leiden des Betroffenen und seiner Angehörigen hinausgehende Funktion. Oft wird hierdurch eine Familie zusammengehalten und die Selbstständigkeit einzelner Personen verhindert. Problematisches Verhalten ist nicht nur durch die Familie geformt, es wird auch aufrechterhalten durch die Art und Weise, wie die Familienmitglieder miteinander umgehen. Therapeutische Interventionen wirken sich hier stets auf das gesamte familiäre System aus. Bei sehr eingefahrenen Verhaltensmustern kann es therapeutisch sinnvoll sein, Verwirrung zu stiften und paradoxe Methoden anzuwenden, um das Familiensystem in eine konstruktive Richtung zu bewegen. Einige wichtige Gründergestalten der Familientherapie werden in diesem Buchabschnitt ebenso beschrieben wie manche ihrer Techniken. Ebenso wie für die anderen Darstellungen gilt hier, dass ich mich auf eine Auswahl wichtiger Autorinnen und Autoren beschränke. Gerade im Bereich der Familientherapie gibt es die unterschiedlichsten Ansätze und selbstverständlich weit mehr als zwei oder drei Wissenschaftler.

Virginia Satir
Allen Familienmitgliedern
hilfreich zur Seite stehen
(Wachstumsorientierte Familientherapie)

Ihr Leben

Virginia Satir, eine der bekanntesten Familientherapeu-
tinnen des 20. Jahrhunderts, wurde 1916 in einer zum
Teil deutschstämmigen Bauernfamilie im US-Bundesstaat
Wisconsin geboren. In ihrem Elternhaus entzündeten sich
viele Auseinandersetzungen an der unterschiedlichen
sozialen Herkunft von Mutter und Vater: mütterlicherseits
»vornehme Kreise«, väterlicherseits Handwerker und
Farmer.
Die Ehe der Eltern war nicht glücklich. Der Vater, ein
Spezialist für handgemachte Werkzeuge und landwirt-
schaftliche Maschinen, litt unter einem Alkoholprob-
lem. Die Mutter, die als Schneiderin ein Atelier für Be-
hindertenbekleidung aufgebaut hatte, warf ihrem Mann
Verantwortungslosigkeit vor. Beide seien zu stolz gewesen, um sich voneinander zu trennen.
Schon als Kind nahm sich Virginia Satir vor, eine Art
»Familiendetektiv« zu werden, um wirklich verstehen und
bewältigen zu können, was in ihrer Familie geschah – und
vielleicht zu begreifen, was in anderen Familien geschieht.
Damals hatte sie viele elterliche Konflikte am eigenen
Leib gespürt, denn sie reagierte psychosomatisch. Schließlich folgte eine handfeste Blinddarmentzündung, die

zunächst trotz Schmerzen nicht behandelt werden durfte, da Virginias Mutter Mitglied einer evangelikalen Kirche war, die, darin ähnlich den Zeugen Jehovas, ärztliche Operationen und Bluttransfusionen strikt ablehnt, selbst wenn die Maßnahmen Leben retten könnten.

Virginia Satir wäre fast an einem Blinddarmdurchbruch gestorben, bis sich ihre Mutter dann doch veranlasst sah, die Menschlichkeit über die religiösen Dogmen zu stellen, und ihre Tochter im Krankenhaus behandeln ließ. Nach einer Mittelohrentzündung war das Mädchen zudem zwei Jahre taub. Eine erhöhte Infektionsanfälligkeit begleitete sie noch lange. Trotzdem sagte Satir später, sie sei unter »starken Frauen« groß geworden, und ihre Mutter sei »mutig und zielstrebig« gewesen, das habe ihr imponiert. Virginia war die Älteste von vier Kindern, und als sie 1927 in die High School kam, habe ihre Mutter darauf bestanden, dass die Farm aufgegeben wurde und die Familie nach Milwaukee zog, denn dort gab es in diesem Teil der Vereinigten Staaten die besten Schulen. »Kinder waren für sie das Wichtigste, und aus allen ist was geworden«, sagte Satir später.

Auch viele andere Töchter und Söhne hätten unter diesen Umständen das Bedürfnis gehabt, ihren Eltern etwas zurückzugeben. Virginia Satir war immer die Klassenbeste und durchlief Schule wie College in Rekordzeit. Einmal sagte sie dazu, etwas kokett: »Ich hab' nie mit anderen konkurriert, denn ich war sowieso immer die Erste.«

Nach dem College arbeitete Satir in verschiedenen Schulen. Neben dem Beruf nahm sie ein Sozialarbeit-Studium auf und absolvierte eine psychoanalytische

Ausbildung einschließlich Lehranalyse. Anschließend eröffnete Virginia Satir eine psychotherapeutische Praxis in Chicago, was für eine Nicht-Ärztin sehr ungewöhnlich war. Zunächst überwies man ihr nur Patienten, mit denen die psychoanalytisch tätigen Ärzte nicht fertig wurden, zum Beispiel Menschen mit Psychosen. Satir konnte alles Mögliche ausprobieren, in Einzelgesprächen und bei Familien, ohne Rücksicht auf die Normen und Dogmen der verschiedenen pädagogischen und therapeutischen Richtungen. 1959 gründet sie mit einigen Kollegen das Mental Research Institute im kalifornischen Palo Alto. Dort lehrte sie ihre spezifische Art von Familientherapie, die »wachstumsorientiert« genannt wurde.

1964 bis 1969 war Virginia Satir Direktorin des Esalen-Forschungsinstituts, danach unternahm sie Vortragsreisen rund um die Welt. Noch Mitte der 1980er-Jahre lehrte und demonstrierte Satir ihre Methoden an vielen Orten auf mehreren Kontinenten. Sie arbeitete in San Francisco mit Slum-Familien und schlichtete Auseinandersetzungen zwischen den Indianern vom geschichtsträchtigen Ort Wounded Knee und den Weißen der Umgebung. Seitdem galt sie bei diesen Ureinwohnern als Schamanin, hieß es.

Dass die gelernte Sozialarbeiterin ungemein produktiv war, hatte seinen Preis. Zwei Ehen wurden nach jeweils neun Jahren geschieden. Satir sah ihre Adoptivtöchter und deren Familien nur selten, Privatleben spielte kaum eine Rolle, die Therapeutin ging in ihren Seminaren auf.

1988 starb Virginia Satir mit 72 Jahren.

Menschenbild, wichtige Ideen und ihre Auswirkungen

Satir betrachtet Vater, Mutter und Kind als Kern jeder Familie, wozu sich Ersatz-Mütter und Ersatz-Väter gesellen können (wozu hier auch die Großeltern gehören), außerdem Geschwister und Ersatzgeschwister. Ganz unterschiedliche Beziehungsstrukturen, Bündnisse, Feindschaften oder Aufträge können für eine bestimmte Familie charakteristisch sein.

In Seminaren lässt Virginia Satir Aufstellungen mit Gruppenmitgliedern durchführen, die Familienangehörige spielen, was an Jakob Morenos Psychodrama erinnert. Zum Teil geht es darum, eine symbolische Form zu finden, in der die familiären Beziehungen vom aktuellen in einen Wunschzustand übergehen können. Jemand, der sich zum Beispiel von seiner Mutter immer beengt gefühlt hat und dafür einen Ausdruck bei der Familienaufstellung findet, stellt dann vielleicht fest, dass er sich besser fühlt, wenn er die Person, die seine Mutter spielt, bei einer zweiten Aufstellung nicht mehr ansieht und von ihr weggeht.

Für Satir gibt es einige Kategorien von Verhaltensfehlformen, »hinter denen die Menschen ihre Verletzlichkeit verstecken«. Einmal das *Anklagen*, das oft unter dem Motto zu stehen scheint: »Setz dich durch und mach den anderen fertig«. Dieser Haltung steht nicht selten das *Beschwichtigen* gegenüber (»Sei brav, nimm alles Leid auf dich und sei für alles dankbar«).

Daneben gibt es das *Ablenken* als Muster der Konfliktvermeidung. »Stell dir vor, du hättest einen schiefsitzenden Kopf, der sich dauernd dreht, so dass du nicht weißt, wohin du gehst, und nicht merkst, wenn du einmal ankommst«, so fasst Virginia Satir diese Haltung mit einem Bild zusammen. Das *Rationalisieren*, ein Abwehrmechanismus, den Satir von Sigmund Freud übernommen hat, steht für sie unter dem Motto »Sei so korrekt und vernünftig wie ein Computer und halte vom Schädel abwärts alles an dir bewegungslos, schließlich darfst du niemals einen Fehler machen«.

Nach Virginia Satir gibt es durchaus eine Alternative zu diesen Verhaltensmustern, die viele Familiensysteme mit ungelösten Problemen überladen, nämlich die »authentische«, die echte oder »kongruente« (mit sich übereinstimmende) Kommunikation: Gesagtes und Gemeintes, Mimik, Stimme und Worte ergänzen einander. Das bedeutet auch, dem Gegenüber nichts vorzumachen und, falls nötig, Nein zu sagen. (Die Auswirkungen einer solchen Abgrenzung seien nicht wirklich schlimm, schreibt Satir, denn der andere falle dabei nicht tot um.)

Die Amerikanerin unterscheidet außerdem offene von geschlossenen Familiensystemen. In einem *geschlossenen System* gebe es feste, kaum veränderbare Regeln und verzerrte, neurotische Beziehungen untereinander, Empfindungen psychischer Mangelzustände und Schuldgefühle. Die Mitglieder eines geschlossenen Familiensystems leiden häufig unter starken Ängsten und klammern sich deshalb trotz aller Schwierigkeiten an das Bestehende. Denn jede wirkliche Veränderung würde Strukturen zerstören, von deren Unwandelbarkeit, so denken die Betroffenen zumindest, das seelische Überleben der Familie abhängt.

In *offenen Familiensystemen* lassen sich bei den einzelnen Mitgliedern größere Flexibilität und mehr Wahlmöglichkeiten beobachten. Wenn sich die Umstände merklich verändern, werden auch die Regeln daran angepasst. Liebe, Menschlichkeit und ein meist selbstsicherer Umgang miteinander sind wichtige Werte; Machtfragen, Neid und Eifersucht spielen normalerweise keine große Rolle. Ein entscheidendes Ziel in der Familientherapie ist daher für Virginia Satir häufig der Übergang von einem relativ geschlossenen zu einem eher offenen System.

Ein anderes Thema, das Satir oft behandelt, in der Therapie wie in vielen Seminaren, ist der Versuch, die »Überlebensregeln« der eigenen Kindheit zu rekonstruieren. Das kann zum Beispiel der Satz »Nur wenn ich mich niemals über etwas beschwere, werde ich anerkannt« sein. Bei einem solchen ungeschriebenen Gesetz mag sich der Klient fragen, ob es derzeit Sinn ergibt oder ob es das Leben eher behindert. Im zweiten Fall wäre ein therapeutisches Ziel vielleicht, zu lernen, ohne schlechtes Gewissen Nein zu sagen und sich mehr an den eigenen Erwartungen zu orientieren als an den Maßstäben anderer Leute.

Virginia Satir ging davon aus, dass sich die pathologischen, die krankhaften Symptome mit der Zeit von selbst verlieren, wenn neue, konstruktive Verhaltensweisen hinreichend eingeübt worden sind. Sie bat ihre Patienten oft darum, in einer Art Selbstgespräch mit den Personen zu kommunizieren, denen gegenüber Konflikte bestanden. Übertragungen dieser Schwierigkeiten auf andere Menschen (wie auch den Therapeuten) sollten bewusst gemacht und in der Wirkung relativiert werden.

Dadurch, dass Satir positive Aspekte problematischer Haltungen und Verhaltensweisen herausarbeitete, trug sie dazu bei, dass sich ihre Klienten besser verstanden und dass Schuldgefühle zurückgingen. Zum Beispiel mag die Aussage, dass ein junges Mädchen durch seine Magersucht immer wieder im Mittelpunkt der Familie steht, eine unbewusste Funktion der Krankheit verdeutlichen, und anschließend lässt sich zum Beispiel die Frage stellen, ob der Wunsch nach Aufmerksamkeit auch auf gesündere Weise umgesetzt werden kann.

In Gesprächen wie auch bei den oben beschriebenen Familienaufstellungen stand für Virginia Satir oft die Frage im Zentrum, wie die Menschen aus ihren Verstrickungen oder aus Angst und Einsamkeit herauskommen. Der Patient soll hierbei seine Eltern nicht verteufeln, auch wenn er sehr unter ihnen gelitten hat, vielmehr geht es darum, ihre Verhaltensweisen und auch ihr Fehlverhalten verständlich zu machen. Satir ließ sich unter anderem von Fritz Perls und Milton Erickson inspirieren, ohne Dogmen aufzustellen.

In einem Bereich dachte sie allerdings absolut, und zwar in ethischer Hinsicht: Respekt und Menschenwürde müssen im Zentrum allen Handelns stehen, und der Zweck heiligte für sie niemals die Mittel. Ein strategisch-therapeutisches Vorgehen, sozusagen hinter dem Rücken der Klienten, wie es im nächsten Kapitel beschrieben wird, war für sie ausgeschlossen. Die heilenden Kräfte sah Satir nicht in erster Linie beim Therapeuten, vielmehr im Hilfesuchenden selbst angelegt.

Mara Selvini Palazzoli
Heilsame Verwirrung stiften
(Strategische Familientherapie)

Ihr Leben

Mara Selvini Palazzoli, die Vertreterin eines deutlich strukturierteren, weniger stützenden Ansatzes in der Familientherapie, wurde 1916 in Mailand in einer Oberschichtfamilie geboren. Wie es damals in diesen Kreisen üblich war, übergab man das Kind nach der Geburt einer Amme, die es an Stelle der Mutter stillte. Die Kinder von Maras Amme waren jung gestorben, und sie konzentrierte, wie es hieß, all ihre mütterlichen Gefühle auf das kleine Mädchen. Doch diese Erfahrungen konnten nicht ausgleichen, dass Mara Selvini Palazzoli das Gefühl hatte, von den wirklichen Eltern vergessen worden zu sein.

Als sie mit drei Jahren Ende des Ersten Weltkriegs in ihre Familie zurück sollte, verkroch sich Mara, nachdem man sie dort abgegeben hatte, für mehrere Tage unter einem Schreibtisch und ließ sich nicht dazu bewegen, diesen Zufluchtsort zu verlassen. Dann flehte das Kind vom Balkon ihres Elternhauses aus vorübergehende Passanten an, sie zu ihrer geliebten Amme zurückzubringen. Das taten Vater und Mutter dann auch, denn es blieb ihnen nichts anderes übrig.

Es wurde über Mara Selvini Palazzoli geschrieben, dass sie trotz dieser Erlebnisse schon als 6-Jährige begriffen habe, welche Vorteile es bringen konnte, die Tochter reicher Eltern zu sein. Sie wurde eine stolze, herkunftsbewusste Schülerin, die sich als Teenager ihrer bäuerlichen Amme schämte und jene zurückwies, als sie sie von der Schule abholen wollte. Den Kontakt zu dieser Frau ließ Selvini Palazzoli erst wieder zu, als sie selbst Kinder hatte. Danach war die Amme wieder ihre wichtigste Bezugsperson.

Gegenüber der eigenen Familie wahrte Mara Selvini Palazzoli Distanz. Beide Eltern galten als reich, aber unglücklich. Ihre Mutter war streng katholisch, der Vater nahm seine Reitpferde wichtiger als Frau und Kinder. »Ich denke oft an meine Familie, wenn ich therapiere«, sagte Selvini Palazzoli einmal.

Zunächst hatte man sie an einer Klosterschule untergebracht, wo sie bald als hoch begabt galt und, wie es hieß, zum Star wurde. Eigentlich wollte sich der Teenager zur Ballerina ausbilden lassen, aber für die Mutter war Balletttanz schlicht »Prostitution«. Mara Selvini Palazzoli fügte sich und orientierte sich auf Alte Sprachen um. Doch die Mutter erlaubte nur den Besuch einer kirchlichen Universität, was für die damals 19-Jährige zu langweilig gewesen wäre, denn auf hundert Frauen kam gerade ein Mann.

Medizin durfte sie schließlich studieren, nachdem sie der Mutter eine bewegende Rede gehalten hatte: Sie wolle »der Menschheit dienen«. (In Wirklichkeit ging es wohl eher darum, der mütterlichen Kontrolle zu entrinnen.) Während des Studiums lernte Selvini Palazzoli ihren späteren Mann kennen, ebenfalls Arzt, mit dem sie später drei Kinder hatte. Anders als ihre Mutter nahm sie sich Zeit für die Kleinen und arbeitete nur halbtags.

Als Ärztin lernte sie in der Klinik das Magersucht-Syndrom kennen, das vor allem bei manchen jungen Mädchen zum Problem wird. Die zunächst frustrierenden therapeutischen Erfahrungen veranlassten Mara Selvini Palazzoli dazu, sich auf Psychiatrie zu spezialisieren und eine Ausbildung als Psychoanalytikerin zu absolvieren. Anschließend wurde sie zu einer anerkannten Fachkraft in der Behandlung von Magersucht.

Selvini Palazzoli galt als undogmatisch und als sehr geduldig im Umgang mit ihren Patienten, die sie in schweren Fällen bis zu fünf Jahre lang therapierte. Trotz einer guten Heilungsquote fand sie das Verhältnis von Aufwand und Ertrag auf Dauer unbefriedigend. Da sie gerade bei Magersucht immer wieder feststellte, dass die Familien der Betroffenen eine wichtige Rolle spielten, was den Ausbruch und das Aufrechterhalten dieser Störung betrifft, beschäftigte sich Mara Selvini Palazzoli mit einigen frühen Ideen, die das ganze Familiensystem im Fokus hatten, und gründete schließlich mit einigen Mitarbeitern 1967 das erste familientherapeutische Zentrum in Italien. Die Kollegen waren ebenfalls ausgebildete Analytiker und wollten vor dem Hintergrund etwas Neues schaffen. Heute nennt man ihren Ansatz »Mailänder Schule«.

Selvini Palazzoli arbeitete fast zehn Jahre in diesem Zentrum. Schließlich bekam sie eine Professur an der Katholischen Universität, an der sie als Abiturientin wegen des damaligen Männermangels nicht hatte studieren wollen. Gleichzeitig war sie weiterhin als Familientherapeutin tätig. In den 1980er-Jahren gelang es ihr, die Behandlungsdauer bei »Magersucht-Familien« auf ein bis zwei Sitzungen mit mehrwöchigem Abstand zu reduzieren. Bei Familien mit Schizophrenie, die sie ebenfalls therapierte, dauerte es kaum länger.

Kritiker warfen ihr vor, eine ausschließlich auf Techniken basierende »Fließbandtherapie« anzuwenden, die nicht mehr, wie zuvor, für die jeweilige Familie »maßgeschneidert« sei. Außerdem ließe die wissenschaftliche Überprüfung zu wünschen übrig, vor allem was den langfristigen Erfolg oder Misserfolg der Behandlung angehe. Unbestritten sind die Leistungen der Italienerin bei der Entwicklung der so genannten systemischen Psychotherapieansätze und bei der Erforschung von Machtstrukturen, wie sie im Zusammenhang mit der seelischen Störung eines Familienmitglieds deutlich werden.

1999 starb Mara Selvini Palazzoli mit Mitte achtzig.

Menschenbild, wichtige Ideen und ihre Auswirkungen

Für Selvini Palazzoli ist jede Familie ein System, das sich selbst reguliert und von eigenen Gesetzen regiert wird, die irgendwann über Versuch und Irrtum entstanden sind. Diese Regeln betreffen die verbale und die nonverbale Kommunikation. Familien mit einem oder mehreren Angehörigen, die pathologisches Verhalten zeigen, regulieren sich durch Kommunikationsmuster, die genau auf die entsprechende Störung zugeschnitten sind, und halten sie dadurch aufrecht.

Lebendige Systeme, etwa gesunde Familien, haben nach dieser Theorie zwei einander widersprechende Tendenzen: Bewahrung und Veränderung. Normalerweise bleibt das System durch die beiden Neigungen in einem Gleichgewicht.

Pathologische Familiensysteme zeichnen sich meist durch äußerst starre Regeln und ständig wiederholte, destruktive und problemaufrechterhaltende Verhaltensweisen aus. Veränderungen zum Positiven sind hier zunächst unmöglich. Ein Familientherapeut muss die Gesetze und Verhaltensmuster der Familie, die ihm gegenübersitzt, erkennen und einen Ansatzpunkt finden, von dem aus sie sich ändern lassen.

Die Therapeuten der Mailänder Schule laden die jeweilige Familie wenige Male zur Behandlung ein, wobei die Sitzungen mehrere Stunden dauern können, aber nur etwa alle drei bis vier Wochen stattfinden. Es wird darum gebeten, dass wirklich alle Angehörigen erscheinen, die unter einem Dach wohnen, damit sich die Behandelnden ein möglichst umfassendes Bild der Problematik machen und Veränderungen zielsicher einleiten können.

Bei dieser Therapieform müssen die Fachleute die hilfsbedürftige Familie gut kennen. Schon bei der Anmeldung ist immer ein ausgebildeter Mitarbeiter am Telefon, der sich nach den familiären Beziehungen erkundigt und darauf achtet, von welchem Angehörigen die Probleme präsentiert werden und wie er sie darstellt. Schon vor der ersten Sitzung versucht die Therapeutengruppe, erste Hypothesen über die Kommunikationsmechanismen und die Störungen im System zu bilden.

Die eigentliche Sitzung dauert dann mindestens zwei Stunden und wird von einem weiblichen und einem männlichen Therapeuten geleitet. Ein anderes »Therapeutenpaar« beobachtet den Ablauf hinter einem Einwegspiegel, der von außen nach innen durchsichtig ist. (Der Familie wurde zuvor mitgeteilt, dass sie während der Sitzung beobachtet wird, damit die Behandelnden keine wichtigen Informationen zu Diagnose und Therapie übersehen.)

Anschließend diskutieren alle Therapeuten, welche Hypothesen sich bestätigt haben und welche nicht. Dabei entsteht ein Bild der familiären Regeln und Kommunikationsmuster. Ein Kommentar oder eine so genannte *Verschreibung* wird von den Ärzten und Psychologen erstellt und der Familie übermittelt, sowohl mündlich als auch schriftlich. Häufig enthalten diese Verschreibungen verwirrende Elemente, die zu Hause dazu beitragen sollen, die pathologischen, gleichsam festbetonierten Abläufe aufzubrechen und positive Veränderungen zu ermöglichen.

Viele Verschreibungen sind *paradoxe Interventionen*. Unter diesem Begriff versteht man eine Methode, Widerstände von Patienten gegen Veränderungen zu vermeiden, indem man ihnen vorschreibt, alles beim Alten zu lassen, und gleichzeitig dafür sorgt, dass sie die Absurdität ihrer gestörten Verhaltensmuster erkennen. Ein Beispiel: Mara Selvini Palazzoli behandelte einmal eine Großfamilie, die unter allen Umständen zusammenhielt und deren Mitglieder niemals miteinander stritten. Außerdem galt das ungeschriebene Gesetz, dass sich keiner größer machen oder fühlen durfte als die anderen. Diese Regeln hatten ihren Preis, denn jeder sprach hier hauptsächlich über die Angehörigen und deren angebliche Beweggründe, fast nie über sich selbst.

Eine besonders hübsche Tochter wurde mit 13 Jahren lebensgefährlich magersüchtig und zudem selbstmordgefährdet. Ihre Krankheit zog die gesamte Aufmerksamkeit der Familie auf sich. Damit erfüllte das Mädchen unbewusst die familiäre Forderung, nicht zu attraktiv zu sein oder übermäßig selbstständig zu werden. Auf der anderen Seite war der Teenager zumindest durch seine körperlich-seelische Störung im Mittelpunkt des Interesses. Während der ersten Therapiestunden schwieg das Mädchen, während seine Angehörigen immer wieder über die Krankheit sprachen.

Schließlich gab man der Familie folgende »Hausaufgabe« als Verschreibung mit: Alle Mitglieder sollten sich jeden Abend zu einer bestimmten Zeit bei verschlossener Wohnungstür an den Esstisch setzen, auf den ein Wecker gestellt wurde. In der Reihenfolge der familiären Hierarchie, über die zunächst ein Einverständnis hergestellt werden musste, sollte nun jeder Angehörige jeweils 15 Minuten lang ausschließlich über die anderen sprechen. Außerhalb dieser Zusammenkünfte galt die Regel, nur von sich selbst zu reden und die Mitglieder des Clans »mit verdoppelter Höflichkeit und Hilfsbereitschaft« zu behandeln.

Wichtig bei einer solchen Verschreibung ist es, dass die entsprechende Aufgabe von den Therapeuten ernsthaft formuliert und den Betroffenen plausibel gemacht wird. In der nächsten Sitzung, Wochen später, waren den einzelnen Familienangehörigen durch die absurde Aufgabenstellung viele der bislang destruktiven Kommunikationsabläufe bewusst geworden, und ebenso der eigene Anteil daran. Irgendwann hatte die 13-Jährige die Symptome Magersucht und Suizidalität nicht mehr nötig, denn sie fühlte sich mehr und mehr in der Familie anerkannt und durfte trotzdem ihren eigenen Weg gehen.

Mara Selvini Palazzoli machte zudem die Erfahrung, dass fast alle Familien von selbst auf gute Ideen kommen, wie sich das Zusammenleben verbessern ließe, sobald die festgefahrenen Strukturen einmal aufgebrochen sind. Eine andere wichtige Technik der Mailänder Familientherapie sind die so genannten *zirkulären Fragen*. Hier geht es darum, dass jedes Familienmitglied immer wieder gefragt wird, was es vermutet, wie der eine oder andere Angehörige wohl über eine bestimmte Frage oder ein bestimmtes Problem denken mag. Das ist nicht nur interessant für eine differenzierte Diagnose, denn gleichzeitig wird der ganzen Gemeinschaft zunehmend klar, in welchem Ausmaß hier Gedanken und Gefühle bei den anderen vermutet werden, die häufig nichts damit zu tun haben, wie die Person wirklich denkt oder empfindet.

Zunächst benötigte man für jede Sitzung zwei Therapeutenpaare, eines auf beiden Seiten des Spiegels. Später vereinfachten Selvini Palazzoli und ihre Kollegen die Arbeitsmethode: Jetzt beschränkte man sich auf einen Therapeuten innerhalb des Behandlungsraums und einen anderen jenseits des Einwegspiegels. Die mitgegebenen »Hausaufgaben« ähnelten sich bei den verschiedenen Familien mehr und mehr, bis sich die Mailänder auf standardisierte Kommentare und Verschreibungen beschränkten. Verwirrung und das Aufbrechen eingefahrener Kommunikationsabläufe waren allerdings auch hier Ziel der Behandlung.

Heutzutage gehören Methoden wie das zirkuläre Fragen oder die Symptomverschreibung immer noch zum Repertoire vieler Familientherapeuten. Auch die mehrstündige Sitzung im Abstand einiger Wochen hat sich vielerorts durchgesetzt. Allerdings verzichten die meisten Fachleute inzwischen auf standardisierte Kommentare und Einwegspiegel. Oft werden die Sitzungen stattdessen mit einer Videokamera aufgezeichnet, und mitunter sieht sich der Behandelnde Ausschnitte der Filme irgendwann gemeinsam mit der Familie an. Das funktioniert allerdings nur auf der Basis einer stabilen, vertrauensvollen Beziehung zum Therapeuten.

Paul Watzlawick
Kommunikationsregeln und die Wahrnehmung der Welt
(Konstruktivismus)

Sein Leben

Paul Watzlawick, der vielen Leserinnen und Lesern durch seinen Bestseller »Anleitung zum Unglücklichsein« bekannt ist, wurde 1921 im österreichischen Villach geboren. 1939 machte er dort sein Abitur und studierte anschließend Sprach- und Literaturwissenschaften sowie Philosophie in Venedig. 1949 promovierte er in Philosophie.

Eine Ausbildung zum Analytischen Psychologen am Züricher C. G. Jung-Institut folgte, die Watzlawick 1954 beendete. Danach eröffnete er eine therapeutische Praxis. 1957 bis 1960 arbeitete der polyglotte Österreicher als Professor an der Universität in El Salvador. Anfang der 1960er-Jahre begannen zudem seine Forschungen am Mental Research Institute im kalifornischen Palo Alto, gegründet von der Familientherapeutin Virginia Satir.

Dort entwickelte Paul Watzlawick mit seinem Kollegen Gregory Bateson die Theorie der so genannten *Doppelbindung* (double bind) in der Kommunikation. Hierbei geht es um die Beobachtung, dass es in besonderem Maße für Kinder, aber auch für Erwachsene seelisch krankmachend ist, wenn die Kommunikation ihrer Bezugspersonen immer wieder uneindeutig erscheint, etwa wenn verbales und nonverbales Verhalten voneinander abweichen. Ein Beispiel wäre eine Mutter, die jedes Mal, wenn sie mit dem Verhalten ihres Sprösslings unzufrieden ist, ironisch-unfreundlich zu ihm sagt »Das hast du ja wieder *ganz* toll gemacht«. Eigentlich meint sie das Gegenteil, was, neben dem Tonfall, auch die Mimik bestätigt. Das Kind weiß nun nicht, welche der beiden Botschaften, also »ich finde toll, was du getan hast« oder »ich missbillige das, was du getan hast«, stimmt. Das Ergebnis ist eine Doppelbindung, deren wiederholte Verwendung sich destruktiv auswirkt. Zudem bleibt die Aggression der Mutter weitgehend indirekt, was es erschwert, sich mit ihr auseinander zu setzen.

1976 übernahm Paul Watzlawick eine Professur für Psychotherapie an der Stanford University in Kalifornien, wo er heute noch lebt. Er gilt als Vertreter des Konstruktivismus, einer philosophischen Denkrichtung, in der ein Großteil dessen, was wir als »objektive Wirklichkeit« ansehen, als subjektiv, also als konstruiert gilt. 1991 bis 1993 war Watzlawick außerdem als Professor für Kommunikationswissenschaften im schweizerischen Lugano tätig. Er ist Autor von bislang 18 Büchern, die sich großenteils nicht nur an die Fachwelt, sondern auch an den interessierten Laien richten.

Menschenbild, wichtige Ideen und ihre Auswirkungen

Paul Watzlawick unterscheidet als Vertreter des Konstruktivismus zwei Realitätsebenen, die er »Wirklichkeit erster und zweiter Ordnung« nennt.

Die *Wirklichkeit erster Ordnung* ist die objektive Realität, also alles, was sich messen lässt und nicht vom Standpunkt des Betrachters abhängt. Die *Wirklichkeit zweiter Ordnung*, für Watzlawick der wesentlich umfassendere Teil, entspricht den Interpretationen und Assoziationen, die wir mit der objektiven Realität verbinden können. Zum Beispiel macht es einen enormen Unterschied, ob jemand mit einem bestimmten Krankenhaus (objektive Wirklichkeit) eine unterhaltsame Arztserie im Fernsehen, eine demnächst stattfindende gefährliche Operation oder den Tod seines Großvaters im letzten Jahr (subjektive Interpretation) verbindet. Wenn Menschen miteinander streiten oder aneinander vorbeireden, geht es häufig um solche Interpretationsunterschiede, also um verschiedene »Wirklichkeiten zweiter Ordnung«.

Paul Watzlawick fand außerdem einige grundsätzliche Kommunikationsregeln heraus:

– Man kann nicht nicht kommunizieren. Sobald ein Mensch einen anderen wahrnimmt, interpretiert er ihn auch, selbst wenn beide nicht miteinander sprechen oder einander nur zufällig für Sekunden begegnen.

– Jede Kommunikation hat einen *Inhalts-* und einen *Beziehungsaspekt*. Falls ich etwa jemandem etwas zum Geburtstag schenke, das ihm gefällt (Inhalt), zeige ich gleichzeitig, dass ich diesen Menschen mag und dass er mir wichtig ist (Beziehung). Vor allem wenn die Inhalts- und die Beziehungsebene nicht miteinander übereinstimmen, kann es zu Problemen kommen. Etwa wenn sich jemand verpflichtet fühlt, einer Person etwas zu schenken, die er nicht ausstehen kann. Auch hier spricht man von einer – potenziell krankmachenden – Doppelbindung.

– In Streitsituationen interpretiert jeder der Beteiligten normalerweise das eigene Verhalten als Reaktion auf die Verhaltensweisen des Gegenübers. Das heißt, die Schuld liegt grundsätzlich beim anderen, da einem selbst nichts anderes übrig geblieben ist, als auf die destruktiven Handlungen des Gegenübers zu reagieren. (Diese Regel gilt sogar für Kriege zwischen Staaten, für terroristische Angriffe und für bürgerkriegsähnliche Auseinandersetzungen innerhalb eines Landes.) Tatsächlich lässt sich die menschliche

Kommunikation jedoch nicht sinnvoll in Aktions-Reaktionsabfolgen auflösen, denn das Geschehen hängt wechselseitig voneinander ab, und den Anfang einer Auseinandersetzung kann man nur in den subjektiven Wirklichkeiten, nicht in der objektiven Realität erkennen.

– Mindestens so wichtig wie die verbale Kommunikation ist der nonverbale Austausch. Zwischenmenschliche Kommunikationsabläufe sind entweder *symmetrisch*, dann finden sie auf der gleichen hierarchischen Ebene statt. Oder sie sind *komplementär*, dann beruht das Verhältnis auf Unterschieden im Machtbereich. In komplementären Beziehungen, zum Beispiel zwischen Eltern und ihren Kindern oder im Verhältnis zwischen Arzt und Patient, ergänzen sich unterschiedliche Verhaltensweisen so, dass sie in vielen Fällen zueinander passen, und bestimmen den Kommunikationsprozess.

Trotz seiner vielfältigen Erfahrungen als Psychotherapeut ist Paul Watzlawick, im Gegensatz etwa zu Virginia Satir oder Mara Selvini Palazzoli, weniger als Praktiker denn als Kommunikationstheoretiker bekannt geworden. Eine von Watzlawicks wichtigsten therapeutischen Methoden ist die paradoxe Intervention, die bereits kurz im letzten Kapitel angesprochen worden ist. Sein bekanntestes Buch, die »Anleitung zum Unglücklichsein«, basiert auf dieser Technik.

Nicht nur Therapeuten, auch viele Laien haben die Erfahrung gemacht, dass es wenig nützt, einen Menschen, der unter einer Depression (oder einer anderen neurotischen Störung) leidet, aufzumuntern und ihn auf die positiven Aspekte seines Lebens hinzuweisen. Die Antwort ist in solchen Fällen meistens ein »Ja, aber …« (aber meine Kollegen können mich nicht ausstehen, ich schaffe das nicht, mich belastet die Vergangenheit zu sehr usw.). Nicht selten bekommt man den Eindruck, der Betroffene tue alles dazu, um sein Problem, seine seelische Störung aufrechtzuerhalten, und nichts dazu, wieder gesund zu werden.

Paul Watzlawicks Buch und sein therapeutischer Ansatz geht daher den umgekehrten Weg. Statt die psychischen Schwierigkeiten bekämpfen zu wollen, rät er seinen »Patienten« – hier den Leserinnen und Lesern –, alles dazu zu tun, um die Problematik noch zu verstärken, da es keinen Grund gebe, zufrieden zu sein, aber unzählige, sich unglücklich zu fühlen. Der Sinn der Sache liegt auf der Hand, nämlich Widerstand gegen die absurd anmutenden Ratschläge auszulösen. Eine Abwehr, die hier nur in eine Richtung gehen kann, nämlich in Richtung größeren Glücks und höherer Lebenszufriedenheit.

Diese Methode wird heute von einigen Familientherapeuten und von Anhängern anderer Therapierichtungen angewandt, wenn die Widerstände des Klienten einen möglichen Behandlungserfolg massiv erschweren. Auch in der Kindererziehung greifen manche Menschen gelegentlich zu paradoxen Techniken, statt sich immer wieder in den gleichen Streitsituationen aufzureiben und doch keinen Erfolg zu haben.

Watzlawicks Theorien zu den subjektiven Wirklichkeiten schließlich haben einiges dazu beigetragen, die unterschiedlichsten Kommunikationsabläufe zu verstehen.

Er fordert dazu auf, sich auch im Konfliktfall in sein Gegenüber hineinzudenken und hineinzufühlen, statt darauf zu beharren, man habe »objektiv Recht«.

Familientherapeutische Behandlungsformen gestern und heute

Heutzutage gibt es eine Vielzahl unterschiedlicher Familientherapierichtungen, die an verschiedenen Instituten gelehrt werden, leider ohne anerkannte, überprüfte Ausbildungsrichtlinien.

Häufig müssen die betroffenen Familien die Behandlung selbst bezahlen. Allerdings bieten auch manche staatlich oder kirchlich finanzierten Beratungsstellen kostenlose paar- oder familientherapeutische Sitzungen an. In vielen kinder- und jugendpsychiatrischen Kliniken sind Gespräche mit den Eltern oder mit der ganzen Familie ebenfalls ein wichtiger Bestandteil der Behandlung, die hier natürlich die Krankenversicherungen tragen.

Ambulante oder stationäre Familientherapien ähneln sich meistens darin, dass die ganze Familie zu den Sitzungen eingeladen wird. Der Psychotherapeut versteht sich als »allparteilich«, er versucht also, sich in jedes Mitglied der Gemeinschaft einzufühlen, ohne jemanden zu bevorzugen oder zu benachteiligen.

Die Behandlung hat normalerweise zum Ziel, dass es jedem Familienangehörigen besser gelingt, den anderen Empathie entgegenzubringen und sich erfolgreich in sie hineinzudenken. Dadurch soll die psychische Störung, die bei einem Beteiligten aufgetreten ist, überflüssig

werden, so dass sich das ganze System in Richtung Gesundheit verändern kann.

Zum Weiterlesen

– Beck, Aaron T.: Wahrnehmung der Wirklichkeit und Neurose. Kognitive Psychotherapie emotionaler Störungen. J. Pfeiffer, Reihe »Leben lernen«, München, 1979
– Erickson, Milton H. und Rossi, Ernest L.: Hypnose erleben. Veränderte Bewusstseinszustände therapeutisch nutzen. J. G. Cotta'sche Buchhandlung Nachfolger GmbH, Stuttgart, 2004
– Ermann, Michael: Psychotherapeutische und psychosomatische Medizin: ein Leitfaden auf psychodynamischer Grundlage. W. Kohlhammer; Stuttgart, Berlin, Köln; 1995
– Freud, Sigmund/ Jung, C. G.: Briefwechsel. S. Fischer Verlag, Frankfurt am Main, 1974
– Humboldt-Psychologie-Lexikon. Herausgegeben von der Redaktion Naturwissenschaft und Medizin des Bibliographischen Instituts. Humboldt-Taschenbuchverlag Jacobi, München, 1990
– Kind, Hans: Psychotherapie und Psychotherapeuten. Methoden und Praxis. Georg Thieme Verlag; Stuttgart, New York; 1982
– Lakotta, Beate: Die Natur der Seele. »Spiegel«-Titel (Hatte Freud doch recht? Hirnforscher entdecken die Psychoanalyse), 18.04.2005, Seite 176–189
– Lebert, Stephan: Die fragile Mechanik der Seele. »Zeit«-Dossier, 14.04.2005, Seite 17–20
– Mühlleitner, Elke: Biographisches Lexikon der Psychoanalyse: die Mitglieder der Psychologischen Mittwochs-Gesellschaft und der Wiener Psychoanalytischen Vereinigung von 1902–1938. Edition diskord, Tübingen, 1992
– Pervin, Lawrence A.: Persönlichkeitstheorien: Freud, Adler, Jung, Rogers, Kelly, Cattell, Eysenck, Skinner, Bandura u. a. Ernst Reinhardt; München, Basel; 1987
– Senf, Wolfgang und Broda, Michael (Hrg.): Praxis der Psychotherapie. Ein integratives Lehrbuch für Psychoanalyse

und Verhaltenstherapie. Georg Thieme Verlag; Stuttgart, New York; 1996

– Urban, Adrian: Das große Buch der Menschenkenntnis und Charakterkunde. Verlagsgruppe Weltbild, Augsburg, 2003

– Urban, Adrian: Psychotherapie. Störungen, Therapien, Kennzeichen einer erfolgreichen Behandlung. Foitzick Verlag, München, 2002

– Urban, Martin: Wie die Welt im Kopf entsteht. Von der Kunst, sich eine Illusion zu machen. Eichborn, Frankfurt am Main, 2002

– Urban, Martin: Wie der Mensch sich orientiert. Von der Kunst, dem Leben eine Richtung zu geben. Eichborn, Frankfurt am Main, 2004

– Urban, Martin: Warum der Mensch glaubt. Von der Suche nach dem Sinn. Eichborn, Frankfurt am Main, 2005

– Watzlawick, Paul: Anleitung zum Unglücklichsein. Piper Verlag, München, 1983

– Watzlawick, Paul; Weakland, John H.; Fisch, Richard: Lösungen. Zur Theorie und Praxis menschlichen Wandels. Verlag Hans Huber; Bern, Stuttgart, Wien; 1974

– Watzlawick, Paul: Wie wirklich ist die Wirklichkeit? Wahn, Täuschung, Verstehen. Piper Verlag, München, 1976

– Wehr, Gerhard: Gründergestalten der Psychoanalyse. Profile, Ideen, Schicksale. Artemis und Winkler; Zürich, Düsseldorf; 1996

– Zundel, Edith und Zundel, Rolf: Leitfiguren der Psychotherapie. Leben und Werk. Kösel-Verlag, München, 1987